Manipulationen abwehren

Dr. Andreas Edmüller
Dr. Thomas Wilhelm
Monika Radecki

Inhalt

Teil 1: Manipulationstechniken

Was ist Manipulation?   9
- Ein alltägliches Phänomen   10
- Wie sollte man mit Manipulation umgehen?   12
- Sechs Maximen für den Umgang mit Manipulation   14

Typische Manipulationsstrategien   17
- Die Blockadestrategie   18
- Die Durchsetzungsstrategie   19
- Sabotage im Gespräch   21
- Sabotage nach dem Gespräch   23

Elegante Abwehrtechniken   25
- Fragen und zuhören   26
- Das Gespräch versachlichen: der Präzisierungstrichter   33
- Ignorieren und weitermachen   36
- Dumm stellen und Band zurückspulen   37
- Schallplatte mit Sprung   38
- Perspektive wechseln   40
- Aus der Situation treten   41
- Wie Sie mit Blockaden umgehen   43
- Wie Sie ein Gespräch abbrechen   47

Argumentationsfallen und Scheinargumente — 49

- Wie Sie sich wehren — 50
- Schwarz-Weiß-Malerei — 52
- Der Fehlschluss der falschen Alternative — 54
- Das falsche Dilemma — 56
- Die Analogiefalle — 59
- Schwarzfärberei — 63
- Die Rutschbahntaktik — 66
- Die Präzisionsfalle — 69
- Die Autoritätstaktik — 71
- Die Brunnenvergiftung — 75
- Die Evidenztaktik — 78
- Die Garantietaktik — 81
- Die Traditionstaktik — 83
- Die Tabuisierungstaktik — 85
- Die Perfektionsfalle — 87
- Die Irrelevanztaktik — 89
- Der Angriff auf die Person — 91
- Der Angriff auf die Unparteilichkcit — 98
- Die Prinzipienfalle — 101
- Emotionale Appelle — 103
- Die Strohmanntaktik — 112
- Der Trivialitätstrick — 115
- Der Zirkelschluss — 117
- Der Mengentrick — 119
- Die Perspektivefalle — 120
- Der definitorische Rückzug — 123
- Absicherungstaktik und Sicherheitsleinen — 124

Teil 2: Nein sagen

Finden Sie in jeder Situation das passende Nein   131
- Typische Situationen erkennen   132
- Keine falschen Kompromisse   143
- Helfen Sie sich selbst: Selbst-Coaching   149
- So meistern Sie unfaire Situationen   153

Welcher Neinsager-Typ sind Sie?   157
- Typensache: Stolpersteine und Chancen   158
- Die Vermeider: „Sei lieb"   162
- Die Selbstverneiner: „Sei perfekt"   164
- Die Kämpfer: „Sei stark"   166
- Die Drängler: „Beeil dich"   169
- Die Jein-Sager: „Streng dich an"   171
- So nutzen Sie die Typisierungen   174

Das richtige Nein – der wichtigste Schritt zu Ihrer Balance   177
- Bauen Sie innere Stabilität und Haltung auf   178
- Sparen Sie Zeit – mit einem angemessenen Nein   183
- Prioritäten helfen, Grenzen zu ziehen   186
- Sagen Sie Nein – das schenkt Energie   189
- Wenn Sie dennoch keine Balance finden   194

Positiv abgrenzen: So sagen Sie konstruktiv Nein — 195
- Grenzen akzeptieren oder erweitern — 196
- Nein – nicht gegen andere, sondern für sich selbst — 199
- Seien Sie klar und deutlich — 202
- Würdigen Sie den anderen — 206
- Bieten Sie Wahlmöglichkeiten an — 215
- Nutzen Sie die Sprache Ihres Körpers — 217

Zusätzliche Kompetenzen: So kommen Sie weiter — 223
- Nicht alles geben – Smalltalk — 224
- Gönnen Sie sich Genuss — 229
- Motivation ist „die halbe Miete" — 234
- Tun Sie sich mit anderen zusammen — 237
- Sagen Sie, was Sie wollen — 239
- Strategien für Fortgeschrittene — 242
- Positiv Grenzen setzen – in sieben Tagen — 244
- Ausblick — 248

- Literatur — 250

Teil 1: Manipulationstechniken

Vorwort

Wenn Sie Menschen danach fragen, was ihnen in der Kommunikation mit anderen wichtig ist, worauf sie besonderen Wert legen, dann erhalten Sie häufig Begriffe zur Antwort wie Vertrauen, Ehrlichkeit, Glaubwürdigkeit, Offenheit oder Toleranz. Im Alltag, nicht zuletzt auch im Berufsalltag, erleben wir jedoch oft das genaue Gegenteil. Und zwar meistens dann, wenn es darum geht, den eigenen Standpunkt oder die eigenen Interessen durchzusetzen. Nicht selten ist dann das letzte Mittel, zu dem man greift, Manipulation.

Erfahren Sie, welche Arten von Manipulation Ihnen begegnen können und mit welchen Methoden Sie sich elegant davor schützen, wie Sie in emotional belasteten Situationen die Gesprächsinitiative behalten und Ihre Interessen wahren und wie Sie klassische Argumentationstaktiken und Scheinargumente wirkungsvoll abwehren. So können Sie Gespräche, egal ob in der Gruppe oder unter vier Augen, lösungsbezogen und sachlich gestalten. Und Sie haben es selbst in der Hand, eine Atmosphäre von Vertrauen, Ehrlichkeit, Glaubwürdigkeit, Offenheit und Toleranz zu schaffen.

Dr. Andreas Edmüller, Dr. Thomas Wilhelm

Was ist Manipulation?

Je mehr Schwäche, je mehr Lüge. Die Kraft geht gerade.

Jean Paul

Warum gelingt es manchen Menschen immer wieder, andere zu etwas zu bringen, was diese eigentlich gar nicht wollen? Warum übernehmen wir Standpunkte und Argumente, obwohl wir deutlich spüren, dass wir gerade etwas gegen unseren Willen und gegen unsere Interessen tun? Die Antwort: Wir werden manipuliert. Häufig wird so geschickt manipuliert, dass der Manipulierte gar nicht merkt, wie ihm geschieht.

In diesem Kapitel erfahren Sie

- woran man Manipulation erkennt,
- wie man mit Manipulation umgehen kann.

Ein alltägliches Phänomen

Wie oft akzeptieren wir Meinungen oder lassen uns auf Positionen festlegen, die wir eigentlich nicht vertreten möchten? Wir lassen uns überrumpeln und geben den eigenen Standpunkt wider besseres Wissen auf. Dies kann überall passieren, wo Menschen miteinander reden: in Diskussionen, in Verhandlungen, in Konflikt- oder Kritikgesprächen oder in Gesprächen mit Freunden.

Doch wie reagieren? – Meist wenden wir die typischen Verhaltensmuster gegen Manipulationsversuche an: Wir schlagen zurück und versuchen ebenfalls zu manipulieren oder wir ergreifen die Flucht, lassen uns einschüchtern und geben uns geschlagen.

Wer manipulieren will, hat viele Möglichkeiten, seine Ziele und Absichten zu verwirklichen. Hier nur ein paar Beispiele:

Beispiele

> Der Manipulator schmeichelt: „Frau Müller, erst gestern habe ich noch zu Herrn Meier gesagt, wie froh wir sein dürfen, Sie in unserem Haus zu haben. Um so weniger verstehe ich im Moment ..."
>
> Er droht: „Überlegen Sie sich gut, ob Sie sich wirklich weiter auf diese Weise verhalten wollen. Wir haben nämlich auch andere Möglichkeiten, um ..."
>
> Er macht Zugeständnisse auf persönlicher Ebene, um auf sachlicher Ebene ein Entgegenkommen zu erringen: „Wissen Sie was, ich habe eine Idee: Ich werde mich um eine Lösung für Ihr kleines familiäres Problem bemühen, und wir lassen die andere Sache auf sich beruhen ..."

> Er erzeugt Zeitdruck: „Ich bitte Sie, es möglichst kurz zu machen, in 10 Minuten habe ich einen sehr wichtigen Termin ..."

Wir könnten diese Liste von Manipulationsmöglichkeiten mühelos fortsetzen. Eine solche Liste würde uns zeigen, was alles Manipulation ist. Doch sie würde nicht nur das gesamte Buch füllen, man könnte sich eine so lange Liste auch gar nicht einprägen. Wichtiger ist, Manipulation zu erkennen, egal in welchem Gewand sie auftritt.

So kann Manipulation definiert werden

Wir verstehen unter Manipulation den *bewussten* oder *unbewussten* Einsatz unfairer Verhaltensweisen. In allen Arten von Kommunikationssituationen kann manipuliert werden, zum Beispiel im Rahmen

- einer Verhandlung zur Konfliktlösung,
- eines Informationsgespräches,
- eines Kritikgespräches,
- einer Besprechung,
- einer Entscheidungsfindung in einem Workshop,
- einer Diskussion unter Freunden,
- eines Mitarbeitergesprächs zur Leistungsbeurteilung usw.

Warum beziehen wir in unsere Definition auch unbewusste Verhaltensweisen mit ein? – Manipulation setzt nicht immer die bewusste Anwendung einer klugen Taktik voraus. Oft ist uns selbst nicht klar, dass wir manipulieren. Mitleid zu heischen und in Tränen auszubrechen, können Manipulationsversuche sein, ohne dass der Manipulator sie bewusst einsetzt. Natürlich möchte er etwas erreichen, aber nicht immer entscheidet er sich *gezielt* für das Manipulationsmittel, durch das er sein Ziel erreichen kann. Nicht selten unterlaufen uns auch Argumentationsfehler, durch die wir den anderen manipulieren, ohne dass uns klar ist, dass wir im Grunde Scheinargumente benutzen und unseren Gesprächspartner auf unfaire Art beeinflussen.

Welche Verhaltensweisen sind unfair?

Meist können wir intuitiv sehr gut einschätzen, welches Verhalten unfair ist und welches nicht. Doch sollten wir uns ruhig einmal bewusst machen, was als fair gelten darf. Fairness heißt, dass jeder Beteiligte ein Recht darauf hat, seine eigenen Interessen zu wahren und andere Standpunkte nur aus freiwilliger Einsicht zu übernehmen. Demnach verhalte ich mich unfair, wenn ich meinen Gesprächspartner in seinem Recht beschneide, seine Interessen zu vertreten und wenn ich ihm Standpunkte aufdrücke, die er nicht freiwillig akzeptiert.

Mit dieser Definition im Hintergrund können wir salopp formulieren: Der Manipulator möchte mit unfairen Mitteln etwas erreichen.

Wie sollte man mit Manipulation umgehen?

Drohen, schwindeln, nicht verstehen wollen, Informationen zurückhalten, blockieren, ausweichen, verzetteln, verwässern,

Scheinargumente einsetzen, die Person angreifen, erpressen, schmeicheln – das sind nur einige von sehr vielen Arten zu manipulieren. Diese Aufzählung macht uns jedoch schon auf zwei zentrale Probleme im Umgang mit Manipulation aufmerksam:

- Man kann nicht alle Techniken erfassen und sich für jede Technik eine oder mehrere Gegenmaßnahmen überlegen.
- Man weiß oft nicht genau, was der Manipulator eigentlich bezweckt.

Um diese beiden Probleme in den Griff zu bekommen, haben wir ein System entwickelt, das Sie dabei unterstützen soll, Ordnung in diese unüberschaubare Vielfalt von Manipulationstechniken zu bringen und Ihre Reaktionen der Situation gezielt anzupassen:

So gehen Sie vor
1. Technik erkennen und abwehren (Schutz).
2. Strategie des Manipulators erkennen.
3. Faire Gegenmaßnahmen durchführen.

1 Technik erkennen und abwehren (Schutz)

Identifizieren Sie die konkrete Manipulationstechnik, und schützen Sie sich dagegen. Dazu werden wir Ihnen einige wenige einfache und sehr wirkungsvolle Schutztechniken vorstellen, die Sie in vielen Situationen einsetzen können.

Ziel ist es, die Manipulationstechnik sofort und elegant zu unterbinden.

2 Strategie des Manipulators erkennen

Überlegen Sie, welche Strategie der Manipulator verfolgt. Ein einfaches Einteilungssystem soll Ihnen dabei helfen, eine Manipulationssituation schneller zu durchschauen. Ziel ist zu erkennen, was der Manipulator bezweckt.

3 Führen Sie Ihre faire Gegenstrategie durch

Ist die manipulatorische Absicht erst einmal durchschaut, kann man auch besser reagieren. Dazu werden wir Ihnen einige einfache und wirkungsvolle Vorgehensweisen anbieten, die in vielen verschiedenen Situationen eingesetzt werden können. Ziel ist, die eigenen Interessen auf faire Art und Weise zu wahren.

Sechs Maximen für den Umgang mit Manipulation

1. Bleiben Sie sachlich und fair.

   Achten Sie auf echte Argumente und wirkliche Begründungen, sowohl dann, wenn Sie selbst argumentieren, als auch dann, wenn Ihr Gesprächspartner die Beweislast trägt und es an ihm ist zu argumentieren.

2. Bleiben Sie ruhig und gelassen.

   Natürlich ist dies einfacher gesagt als getan. Doch wenn Sie sich auf ein paar grundlegende Methoden, die wir Ihnen in diesem Buch vorstellen, konzentrieren, wird Ihnen dies leichter fallen.

3 Reagieren Sie nicht kausal, sondern agieren Sie.

Wenn wir manipuliert werden, zeigen wir meistens typische Abwehrreaktionen: Der Manipulator ist unfair oder emotional, folglich werden auch wir unfair oder emotional; oft ergreifen wir aber auch die Flucht und geben nach o.Ä. Doch genau auf diese Reaktionen spekuliert der Manipulator – bewusst oder unbewusst. Im Grunde läuft bei einer geglückten Manipulation eine Art Reiz-Reaktionsmechanismus ab. Diesen Mechanismus gilt es zu durchbrechen, um die Gesprächskontrolle zu behalten.

4 Verfolgen Sie beharrlich Ihr Ziel.

Achten Sie darauf, sich nicht die Initiative nehmen zu lassen, verfolgen Sie Ihre Ziele wenn nötig auch mit ein bisschen Hartnäckigkeit. Lassen Sie sich nicht ablenken. Am besten formulieren Sie für sich bereits vor dem Gespräch ein klares Ziel, das Sie immer vor Augen haben können.

5 Konzentrieren Sie sich auf konkrete Verhaltensweisen.

Machen Sie nicht den Fehler, das Verhalten, das Sie beobachten, als Verhalten eines bestimmten Personentyps zu deuten à la „Der ist halt ein schwieriger Mensch", „Die ist eben eine Mimose". Mit solchen Typisierungen ordnen und filtern Sie bereits alle Ihre Wahrnehmungen. Sie laufen in eine Falle. Dadurch entgehen Ihnen Chancen, Gespräche positiv zu wenden. Achten Sie lieber auf konkrete Verhaltensweisen, und wenn Sie etwas an dieser Verhaltensweise stört, dann äußern Sie es. „Herr Müller Sie haben mir jetzt dreimal hintereinander das Wort abgeschnitten."

6 Bauen Sie eine goldene Brücke.

Suchen Sie nach Möglichkeiten, wie das Gespräch wieder einen sachlichen, lösungsbezogenen Verlauf nehmen kann. Bieten Sie Ihrem Gesprächspartner eine solche Möglichkeit an, selbst wenn er sich danebenbenommen hat.

Auf einen Blick: Umgang mit Manipulation

- Bleiben Sie sachlich und fair. Achten Sie auf eine saubere Argumentation.
- Bewahren Sie Ruhe und Gelassenheit. Umgang mit Manipulation ist Nervensache.
- Reagieren Sie nicht kausal, sondern agieren Sie. So behalten Sie die Kontrolle über das Gespräch.
- Beharrlich kommen Sie zum Ziel! Übernehmen Sie die Initiative.
- Konzentrieren Sie sich auf konkrete Verhaltensweisen. So kommen Sie weg vom „Personentypen".
- Bauen Sie goldene Brücken. So ermöglichen Sie den Wiedereinstieg in die Zusammenarbeit.

Typische Manipulationsstrategien

Wir haben vier Kategorien entwickelt, die Ihnen dabei helfen sollen, Manipulationstechniken auf sinnvolle Weise zu ordnen. Die Ordnung richtet sich nach der Strategie bzw. der Absicht, die der Manipulator verfolgt.

Die vier Grundstrategien sind:

- die Blockadestrategie,
- die Durchsetzungsstrategie,
- Sabotage im Gespräch,
- Sabotage nach dem Gespräch.

Die Blockadestrategie

Mit der Blockadestrategie möchte der Manipulator verhindern, dass sein Gesprächspartner sein Ziel erreicht. Er möchte in der Regel im Gespräch bleiben, verfolgt darüber hinaus aber kein eigenes Ziel.

Eine Blockade kann defensiv/passiv durchgeführt werden, sie kann aber auch offensiv/aktiv angegangen werden. Hier ein paar Beispiele für diese Vorgehensweisen.

Defensiv-passive Vorgehensweisen:

- auf eigenem Standpunkt beharren
- Erklärung verweigern
- Informationen blockieren
- keine Antwort auf Fragen geben
- nicht verstehen wollen
- ausweichen
- sich hinter Scheininteressen verstecken

Beispiel:

Frau Müller fühlt sich von Herrn Schulz unhöflich behandelt. Vor allem stören sie beleidigende Äußerungen wie: „Na, Sie sind ja wohl auch nicht die Schnellste." oder „Ich glaube, Ihnen muss man alles zweimal sagen, bis Sie etwas verstehen." Sie sucht das Gespräch mit Herrn Schulz, er zeigt sich prinzipiell gesprächsbereit, aber im Gespräch äußert er immer wieder: „Ich sehe ehrlich gesagt gar nicht, welches Problem Sie haben. Was soll denn an dem, was ich gesagt habe, beleidigend gewesen sein." Herr Schulz blockiert, indem er vorgibt, das Problem von Frau Müller nicht zu verstehen. Dadurch dreht sich das Gespräch natürlich im Kreis.

Offensiv-aktive Vorgehensweisen:

- ablenken (Nebenkriegsschauplätze eröffnen)
- verzetteln
- absichtlich missverstehen
- viel reden, nichts sagen: Nebelkerzen werfen
- Scheinargumente vorbringen
- aufbauschen

Beispiel:

Herr Kohn möchte mit dem Abteilungsleiter Herrn Mahler über das geplante Prämiensystem sprechen. Er hält es an einigen Stellen für unfair und nicht transparent. Herr Mahler lenkt jedoch geschickt vom Thema ab, indem er Herrn Kohn in ein Gespräch über die neu zu besetzende Stelle in dessen Team verwickelt. Gleichzeitig erzeugt er Zeitdruck, um das Gespräch möglichst schnell zu beenden.

Die Durchsetzungsstrategie

Mit Hilfe der Durchsetzungsstrategie will der Manipulator im Gespräch bleiben und mit allen Mitteln sein Ziel erreichen. Der Manipulator kann dabei überzeugungsorientiert vorgehen, das heißt, er benutzt Argumentationsfallen, Scheinargumente und Überredungstaktiken. Er kann aber auch eine

Durchsetzungsmethode verfolgen, die nicht überzeugungsorientiert ist.

Nicht überzeugungsorientierte Vorgehensweisen:

- drohen/lügen/erpressen
- selektiv informieren
- persönlich angreifen
- Emotionen aufschaukeln
- Scheinkonzessionen machen
- mein letztes Angebot, dann ...
- den Gegenstand als nicht verhandelbar abtun
- Zeitdruck erzeugen
- schlechtes Gewissen erzeugen

Beispiel:

Max verhandelt mit seinem Vermieter um die Übernahme von Renovierungskosten. Der Vermieter ist nur bereit, 2.000 Euro zuzuschießen, was die Kosten bei weitem nicht decken würde. Vermieter: „Also ich will Ihnen eines sagen: 2.000 Euro sind mein letztes Wort. Wenn Sie das nicht akzeptieren, dann wird es halt keine Renovierung geben."

Der Vermieter benutzt die „Mein letztes Angebot"-Methode, um Druck auszuüben und Max zum Einlenken zu bewegen.

Überzeugungsorientierte Vorgehensweisen:

- schmeicheln
- auf emotionaler Ebene Zugeständnisse machen, die zu Gegenleistungen auf sachlicher Ebene führen sollen
- an Eitelkeit/Prestige appellieren
- Autorität ausspielen (einschüchtern)
- verunsichern: eigene Lösung als Rettungsanker
- Scheinargumente vorbringen

Beispiel:

Herr Karl und Frau Huber führen ein Konfliktgespräch, in dem es um die präzisere Zuteilung von Kompetenzen geht. Herr Karl ist Frau Hubers Vorgesetzter. Herr Karl: „Also, Frau Huber, ich muss sagen, Sie machen eine hervorragende Arbeit, es wird ernsthaft hier im Haus erwogen, Sie bei der nächsten Beförderungsrunde zu berücksichtigen. Gerade von Kundenseite hört man nur Positives. Ich verstehe jetzt nicht ganz, warum Sie diese Frage der Kompetenzen so sehr beschäftigt ..."

Herr Karl versucht durch vage Versprechungen und Schmeicheleien Frau Huber „gefügig" zu machen. Herr Karl spekuliert darauf, dass Frau Huber, von ihrer Position ablässt.

Sabotage im Gespräch

Sabotage im Gespräch bedeutet, dass der Manipulator das Gespräch platzen lassen will, ohne aber die Verantwortung dafür übernehmen zu wollen.

Typische Situationen

- absichtlich missverstehen
- Beleidigung provozieren
- Abbruch provozieren
- Unterstellungen äußern
- sich unkooperativ verhalten (nicht ausreden lassen ...)
- lügen
- Tränen fließen lassen
- Gefühlsausbruch als legitime Reaktion deklarieren
- einen Termin vortäuschen, den man vergessen hätte
- Gespräch zu schnell führen/beenden
- ein letztes Angebot machen, dann ...
- den Gegenstand als nicht verhandelbar abtun
- Zeitdruck erzeugen
- schlechtes Gewissen erzeugen
- auf eigenem Standpunkt beharren
- Erklärung verweigern
- Informationen blockieren
- keine Antwort auf Fragen geben

Beispiel:

Paul hat ein Gespräch mit seinem Teamleiter Peter. Paul glaubt, dass die Verteilung der Teamaufgaben effizienter sein könnte und möchte nun mit Peter darüber sprechen, wie eine solche Aufgabenverteilung angegangen werden könnte.

> Peter zu Paul: „Wir werden auf keinen Fall die Arbeit in unserem Team neu verteilen. Da brauchen wir gar nicht zu diskutieren. Ich kann Dir gleich vorab sagen, dass alle deine Versuche, mich vom Gegenteil zu überzeugen, vergebliche Liebesmüh sein werden. Alles bleibt so wie es ist."
> Paul: „Aber es gäbe da eine Möglichkeit, wie wir noch ..."
> Peter: „Ich will da gar nichts hören, es gibt einfach keinen Spielraum." Paul: „Aber ..." Peter: „Nein Paul."

Sabotage nach dem Gespräch

Besonders frustrierend ist es, wenn der Manipulator sich im Gespräch zwar durchaus kooperativ zeigt, nach dem Gespräch aber Sabotage betreibt und die vereinbarten Ergebnisse, Lösungen, Maßnahmen etc. zum Scheitern bringt oder unterläuft.

Typische Vorgehensweisen

- Vereinbarungen uminterpretieren
- Vereinbarungen einfach nicht einhalten
- bei anderen hetzen und intrigieren
- Hindernisse und Blockaden aufbauen

Hier ein Beispiel für eine Sabotage nach dem Gespräch, bei der eine Vereinbarung uminterpretiert wird.

Beispiel:

> Herr Gerber ist Projektleiter in einem Softwareprojekt. Frau Luck ist die Vorgesetzte und Auftraggeberin von Herrn Gerber. Frau Luck ist unzufrieden mit dem Informationsfluss. In einem Ge-

spräch zu diesem Thema vereinbaren sie, dass Herr Gerber Frau Luck jede Woche einen Statusbericht zum Projektverlauf vorlegt.

Frau Luck erhält nun zwar jede Woche einen Bericht, aber die Informationen darin sind so spärlich, dass sie sich wieder kein konkretes Bild vom Projektstand machen kann. Frau Luck fordert von Herrn Gerber eine Erklärung.

Herr Gerber: „Ich bin davon ausgegangen, dass die Informationen möglichst kurz sein sollten, damit Sie sich schnell einen Überblick verschaffen können."

Frau Luck: „Aber diese Informationen sind doch wenig wertvoll."

Herr Gerber: „Dann habe ich Sie wohl falsch verstanden."

Ob jemand nach einem Gespräch Sabotage betreiben wird, ist natürlich nicht leicht zu erkennen. Man sollte aufpassen, nicht vorschnell zu einem Urteil zu kommen. Daher wird man über einen etwas längeren Zeitraum hinweg beobachten müssen, wie sich der Gesprächspartner verhält. Vor allem ist es wichtig, dass Ihre Vereinbarungen so präzise und unmissverständlich wie möglich sind. Vereinbarungen schriftlich zu fixieren kann dabei eine hilfreiche Methode sein.

Auf einen Blick: Die vier Manipulationsstrategien

- Blockadestrategie
- Durchsetzungsstrategie
- Sabotage im Gespräch
- Sabotage nach dem Gespräch

Elegante Abwehrtechniken

Wir werden Ihnen nun einige wirkungsvolle Abwehrmethoden bzw. Kommunikationstechniken vorstellen, die Sie effizient einsetzen können, wenn Sie manipuliert werden.

In diesem Kapitel lernen Sie folgende Kommunikationstechniken kennen, die Ihnen beim Umgang mit Manipulationen dienlich sind:

- fragen und zuhören,
- ignorieren und weitermachen,
- sich dumm stellen,
- Schallplatte mit Sprung auflegen,
- Perspektive wechseln und
- aus der Situation treten.

Für drastischere Fälle zeigen wir Ihnen die folgenden Abwehrmethoden:

- Blockaden abwehren,
- das Gespräch abbrechen.

Fragen und zuhören

Fragen und zuhören gehören zu jeder gelungenen Unterhaltung, sie sind selbstverständliche Elemente unserer täglichen Gespräche. Richtiges Fragen und Zuhören sind unerlässlich, will man geschickt auf Manipulationsversuche reagieren und der Manipulation entgegenwirken.

Die Kunst, die richtigen Fragen zu stellen

Der bewusste Umgang mit Fragen ist eines der zentralen Elemente der Kommunikation. Meistens werden Fragen als Kommunikationsmittel unterschätzt. Viele Menschen haben das Gefühl, wenn sie zunächst nur Fragen stellen und nicht sofort einen eigenen Standpunkt formulieren, würden sie Chancen verpassen, sich im Gespräch durchzusetzen. Das Gegenteil ist der Fall: Durch Fragen erhöhen Sie die Chancen, eine positive Beziehung zu Ihrem Gesprächspartner aufzubauen und Ihr Gesprächsziel zu erreichen. Warum?

Mit Hilfe kluger Fragen

- gewinnen Sie wichtige Informationen, die Ihnen helfen, Ihre Gesprächstaktik anzupassen; denn durch Fragen finden Sie heraus, worauf es dem Gesprächspartner ankommt und was ihm wichtig ist;
- beziehen Sie den Gesprächspartner aktiv mit ein, Sie zeigen sich somit von Anfang an als Partner und nicht als Gegner;

- können Sie Konfrontationen vermeiden, Gespräche versachlichen und somit emotional schwierige Situationen besser meistern.

Durch Fragen erweisen Sie Ihrem Gesprächspartner Wertschätzung – und jedem Menschen liegt daran, dass ihm Wertschätzung und Respekt entgegengebracht wird.

Das folgende persönliche Erlebnis illustriert, wie durch mangelndes Fragen Chancen verpasst werden.

Beispiel:

Vor einiger Zeit wollte ich mir ein Mobiltelefon zulegen. Da ich mich nicht gut auskenne, kam es mir sehr auf eine professionelle Beratung an. Im ersten Geschäft entwickelte sich folgendes Gespräch:

Verkäufer: „Kann ich Ihnen helfen?" (Standardfrage)

Ich: „Ja, sehr gern." (Der Verkäufer scheint leicht überrascht bis erschrocken. Kurze Pause.)

Ich: „Ich möchte mir ein Mobiltelefon zulegen."

Verkäufer: „Da haben wir gerade zwei Produkte im Angebot, nämlich ..."

Der Verkäufer stellt mir sofort zwei Produkte vor. Er fragt nicht, wozu ich das Mobiltelefon nutzen möchte, worauf es mir beim Mobiltelefonieren ankommt. Stattdessen erklärt er mir sofort die Vorzüge von zwei bestimmten Produkten. Ich verstehe nur die Hälfte. Er redet an mir vorbei. Obwohl man bemerken kann, dass der Verkäufer irgendeine Art von Schulung hinter sich hat, bin ich äußerst unzufrieden. Denn im Grunde ist er überhaupt nicht auf mich und meine Bedürfnisse eingegangen.

Durch den aktiven Einsatz von Fragen hätte der Verkäufer wesentlich kundenorientierter vorgehen können. Er hätte herausfinden können, was mir wirklich wichtig ist, und welches Produkt ich tatsächlich brauche.

Offene und geschlossene Fragen

Um Fragen gezielter einsetzen zu können, sollten Sie sich den Unterschied zwischen offenen und geschlossenen Fragen bewusst machen. Offene Fragen fordern ganze Sätze als Antwort, während man auf eine geschlossene Frage mit einem einzigen Wort oder der knappen Nennung einer Tatsache ausreichend reagiert hat. Die Antwort auf eine offene Frage fällt in aller Regel länger und ausführlicher aus als die meist knappe Reaktion auf eine geschlossene Frage.

Mit offenen Fragen kann man den Gesprächspartner stärker einbeziehen. Sie haben den Vorteil, dass sie den Gesprächspartner zum Nachdenken anregen, ihn einladen, sich intensiv mit einer Sache auseinanderzusetzen und eigene Lösungsvorschläge vorzubringen. Durch offene Fragen erfährt man in aller Regel mehr als durch geschlossene. Hier einige Beispiele:

- Wie müsste eine Lösung Ihrer Meinung nach aussehen?
- Welche Wünsche haben Sie hierzu?
- Wie äußert sich das Problem genau?
- Wofür interessieren Sie sich besonders?

Geschlossene Fragen können ganz kurz mit einer Geste oder einem Wort beantwortet werden. Die folgenden Fragen sind Beispiele für geschlossene Fragen:

- Möchten Sie darüber noch einmal nachdenken?
- Sind Sie einverstanden, wenn wir eine kurze Pause machen?
- Wie ist Ihr Name?
- Haben Sie eine Entscheidung getroffen?

Fragen nach dem Einverständnis sind wichtige geschlossene Fragen. Auch bei unklaren und weitschweifigen Äußerungen eignen sich geschlossene Fragen sehr gut, um den Gesprächspartner dazu zu bringen, sich präziser auszudrücken.

Offene Fragen wendet man an, um

- tiefergehende Informationen zu erhalten,
- freie Meinungsäußerung zu fördern,
- zum Nachdenken anzuregen.

Geschlossene Fragen wendet man an, um

- Einverständnis bzw. Zustimmung einzuholen,
- eine Bestätigung zu bekommen,
- Gespräche möglichst straff zu führen,
- Übereinstimmung zu sichern,
- eine klare Antwort zu bekommen.

Die Nachfragetechnik

Bei der Nachfragetechnik beziehen Sie sich auf die unmittelbar vorangehende Äußerung. Diese Technik dient in erster Linie dazu, die Äußerung besser zu verstehen oder den Gesprächspartner einzuladen, seine eigene Aussage zu präzisieren oder zu hinterfragen. Nachfragen hilft immer dort, wo es ungenau wird oder auch wo jemand bewusst etwas verschleiern will.

Im Beispiel benutzt Moritz die Nachfragetechnik:

Beispiel:

Max: „Ich sehe da einige Punkte, die ich für kritisch halte."
Moritz: „Welche Punkte meinen Sie genau?"
Max: „Sie werden sicher schon lang einen Plan ausgeheckt haben?"
Moritz: „Woraus schließen Sie das?"
Max: „Was Sie vorschlagen, ist doch wenig realistisch."
Moritz: „Was meinen Sie mit wenig realistisch?"

Die Kunst richtig zuzuhören

Das Gegenstück zum Fragen ist natürlich das Zuhören. Wenn ich Fragen gestellt habe, muss ich auch bereit sein zuzuhören. Einfühlsames Zuhören spielt eine entscheidende Rolle in der Gesprächsführung und beim Umgang mit Manipulation.

Zuhören bedeutet,

- sich dem Gesprächspartner mit voller Aufmerksamkeit zuzuwenden, sich auf ihn einzulassen,
- sich in die Situation des Gesprächspartners hineinzuversetzen, um seine Sichtweise oder seinen Standpunkt zu verstehen. Dabei muss ich den Standpunkt des anderen nicht akzeptieren.

Zuhören ist in erster Linie eine Sache der inneren Einstellung und keine bloße Technik. Zuhören erfordert enorme Konzentration und ist daher eine der anstrengendsten Kommunikationsmethoden. Doch man kann professionelles Zuhören üben und trainieren.

Warum ist Zuhören überhaupt wichtig?

Wer zuhören kann, baut leichter eine vertrauensvolle Beziehung zum Gesprächspartner auf. Zuhören ist wie aktives Fragen ein sogenannter „Türöffner", der einen tieferen und persönlicheren Zugang zum Gesprächspartner ermöglicht. Eher aggressive Emotionen können leichter abgebaut werden. Wie das Fragen so ist auch das Zuhören eine hervorragende Methode, um Gespräche zu versachlichen und damit konstruktiver zu gestalten. Gutes Zuhören hilft außerdem, Missverständnisse zu vermeiden.

Die Grundregel professionellen Zuhörens ist: Man muss dem anderen zeigen, dass man zuhört. Dazu gibt es prinzipiell drei Möglichkeiten: schweigendes Zuhören, Zuhören mittels Aufmerksamkeitsreaktionen und aktives Zuhören.

- **Schweigendes Zuhören**
  Der Zuhörer ist still, aufmerksam und zeigt durch seine dem Gesprächspartner zugewandte Körperhaltung, dass er zuhört.
- **Zuhören mittels Aufmerksamkeitsreaktionen**
  Der Zuhörer zeigt durch typische Aufmerksamkeitsreaktionen, dass er zuhört (Kopfnicken, „aha", „wirklich?" u. ä.)
- **Aktives Zuhören**
  Der Zuhörer fragt nach, fasst das Gesagte mit eigenen Worten noch einmal zusammen oder spiegelt wider, was in der Äußerung des Gesprächspartners an Gefühlen und Emotionen mitschwingt.

Das aktive Zuhören ist die höchste Form professionellen Zuhörens. Es gibt verschiedene Formen, aktiv zuzuhören:

- durch Nachfragen,
- indem man das Gesagte (die inhaltliche Botschaft) zurückmeldet bzw. zurückspiegelt,
- indem man das Gemeinte (Emotionale) zurückmeldet bzw. zurückspiegelt.

Folgende Beispiele veranschaulichen diese Formen des aktiven Zuhörens.

Beispiel:

> Der Zuhörer Moritz fragt nach:
>
> Max: „Ich glaube, wir haben eine gute Lösung erarbeitet, ich bin sehr zufrieden."
>
> Moritz: „Das freut mich. Was halten Sie denn bei unserer Lösung für besonders gelungen?"
>
> Der Zuhörer Moritz fasst die inhaltliche Botschaft zusammen und meldet sie zurück:
>
> Max: „Die Hotels würden alle gewinnen, wenn Sie sich mehr um die Familien kümmern würden. Gerade für Familien ist es ja oft schwierig, eine passende Unterkunft zu bekommen, bei denen auch Angebote für Kinder vorhanden sind."
>
> Moritz: „Sie denken, dass die Hotels im Umgang mit Familien noch Nachholbedarf haben?"
>
> Max: „Auf jeden Fall."
>
> Der Zuhörer Moritz spiegelt zurück, was an Emotionen in der Äußerung mitschwingt:
>
> Max: „Diese Besprechung war so was von überflüssig, ich habe meine Zeit wieder nur verplempert."
>
> Moritz: „Sie scheinen ja ganz schön verärgert zu sein."
>
> Max: „Das kann man wohl sagen."

Übrigens kommt es beim Zuhören nicht so sehr darauf an, dass ich absolut korrekt wiedergebe, was der andere sagt oder fühlt. Mindestens genauso wichtig ist, dass ich durch aktives Zuhören dem anderen die Möglichkeit gebe, mich zu korrigieren. Vielleicht habe ich seine Äußerung ja falsch aufgefasst. Durch aktives Zuhören kann ich dies überprüfen und somit echtes Verständnis aufbauen.

Einfühlsames, aktives Zuhören und aktives Fragen kann man im Gespräch sehr gut miteinander verbinden. In der Kombination bieten beide Methoden eine gute Möglichkeit, Gespräche zu versachlichen und zu präzisieren. Die nächste Methode, die wir Ihnen als Kommunikationstechnik im Umgang mit Manipulation vorstellen, macht im Wesentlichen von diesen beiden Methoden Gebrauch.

Das Gespräch versachlichen: der Präzisierungstrichter

Der Präzisierungstrichter ist eine sehr einfache, elegante und wirkungsvolle Methode, um

- emotional geladene Situationen zu versachlichen,
- Wesentliches von Unwesentlichem zu trennen,
- Prioritäten zu erkennen und zu vereinbaren,
- zum Kern zu kommen,
- Einsicht bei Vielrednern oder Angreifern zu schaffen.

Die Grundidee: durch aktives Fragen präzisieren.

Konfrontiert mit Äußerungen des Gesprächspartners hört man aktiv zu und setzt gezielt Präzisierungsfragen ein, um dadurch auf konkrete Fakten und Tatsachen zu kommen.

Beispiel:

Herr Kern: „Ah, Herr Piper, gut, dass ich Sie treffe. Mit Ihnen habe ich sowieso ein Hühnchen zu rupfen. Die Präsentation von Ihrem Mitarbeiter gestern ließ ja mehr als zu wünschen übrig, und die Informationsweitergabe klappt auch überhaupt nicht. Wenn sich nicht bald was ändert, dann wird das ernsthafte Konsequenzen haben. Ich lasse mir von Ihren Leuten doch nicht auf der Nase herumtanzen ..."

Herr Piper: „Jetzt bin ich ein bisschen überrascht. Wenn ich Sie richtig verstanden habe, gibt es gleich zwei Probleme: die Präsentation von Herrn Meier und etwas, was mit unserer Informationsweitergabe nicht stimmt. Lassen Sie uns die beiden Punkte doch klären. *Mit welchem sollen wir denn anfangen?*"

Herr Kern: „Meinetwegen mit der Präsentation von Meier."

Herr Piper: *„Was ist denn da genau vorgefallen?"*

Herr Kern: „Tja – der war überhaupt nicht vorbereitet."

Herr Piper: *„Was heißt ‚nicht vorbereitet'?"*

Herr Kern: „Er hatte keine Unterlagen dabei, wie ausgemacht, und die Folien entsprachen auch nicht meinen Vorstellungen."

Herr Piper: *„Sie hatten mit ihm die klare Vereinbarung getroffen, Unterlagen mitzubringen, und das hat er nicht getan?"*

Herr Kern: „Ja genau."

Herr Piper: „Das wäre also die eine Sache, dass hier eine Vereinbarung nicht eingehalten wurde. *Wie verhält sich das mit den Folien?"*

An diesem Punkt verläuft das Gespräch zwischen Herrn Kern und Herrn Piper schon wesentlich sachlicher und konstruktiver. Wichtig ist dabei, so lange nachzufragen und gut zuzuhören, bis allen Beteiligten wirklich klar ist, worum es genau geht. Oft wird der Fehler gemacht, sich sofort zu rechtfertigen, wenn man mit Vorwürfen konfrontiert wird. Das ist eine typische kausale Reaktion. Das Ergebnis ist meistens, dass ein unfruchtbarer Streit entsteht. Die Situation schaukelt sich auf und eskaliert.

Der Präzisierungstrichter kann nicht nur gut eingesetzt werden, wenn der Manipulator sehr emotional ist, sondern auch dann, wenn er sich in Nebensächlichkeiten verzettelt.

Beispiel:

Lydia hat Konflikte im Team. Susanne, ihre Vorgesetzte, sucht ein Gespräch mit ihr. Im Gespräch schweift Lydia ständig ab, beschwert sich über Gott und die Welt und bringt eine ganz Palette von Punkten, die alle gleichrangig nebeneinander zu stehen scheinen. Susanne möchte zuerst Lydias Interessen und Bedürfnisse verstehen und benutzt den Präzisierungstrichter.

Susanne: „Sie haben jetzt eine ganze Reihe von Punkten erwähnt. *Welcher davon ist Ihnen am wichtigsten?*"

Lydia: „Mir sind alle gleich wichtig."

Susanne: „Gut, wenn Ihnen also alle gleich wichtig sind, *mit welchem sollten wir unbedingt starten?*"

Lydia: „Weiß ich nicht."

Susanne: „*Erscheint Ihnen im Moment dringender, ein Gespräch mit Franz zu führen oder Ihr Projekt zu erledigen?* Das waren ja zwei Punkte, die Sie erwähnt haben."

Lydia: „Das Gespräch mit Franz vielleicht."

Lydia zeigt sich nicht besonders kooperativ. Susanne lässt sich aber dadurch nicht beirren und fragt so lange weiter, bis sie zu konkreten Punkten kommt.

Ignorieren und weitermachen

Ignorieren und weitermachen ist die zurückhaltendste Reaktion auf eine erkannte Manipulationstechnik. Sie gehen schlicht und einfach nicht auf den Manipulationsversuch ein und übergehen die betreffende Äußerung. So wird der Gesprächspartner gewarnt, ohne sein Gesicht zu verlieren.

Dabei können und sollten Sie den Gesprächspartner aber ruhig merken lassen, dass Sie sehr wohl wahrgenommen haben, dass er etwas versucht hat, z.B. durch

- eine Pause im Gespräch (Nachdenken);
- eine Frage: „Sind Sie einverstanden, dass wir wieder weitermachen?";
- durch einen betont konstruktiven Beitrag ihrerseits.

Beispiel:

Die Situation: Sie hatten sich mit Ihrem Gesprächspartner darauf geeinigt, dass zunächst jede Seite die Chance erhält, ihre Interessenlage darzustellen, bevor nach Lösungsmöglichkeiten gesucht wird. Nun hat Ihr Gesprächspartner aber gerade versucht, Ihnen seine Lösung aufzudrücken, ohne sich nach Ihren Interessen zu erkundigen: ein Überrumpelungsversuch. Sie führen das auf eine gewisse Nervosität oder Unsicherheit zurück, ignorieren dieses Manöver einfach und arbeiten konstruktiv weiter: „Mir ist es sehr wichtig, Ihnen meine Interessenlage darzustellen, bevor wir dann im nächsten Schritt zusammen nach Lösungen suchen ..."

Typische Situationen

- Der Manipulator macht einen dummen Scherz oder eine zynische Bemerkung.
- Der Manipulator äußert sich abfällig.
- Er versucht, Sie zu überrumpeln, und drückt aufs Tempo.
- Er gibt sich betont desinteressiert und gelangweilt.

Dumm stellen und Band zurückspulen

Wenn Sie sich dumm stellen, reagieren Sie zwar auf einen Manipulationsversuch, aber Sie interpretieren ihn offiziell als ein Missverständnis oder eine kleine Verwirrung ihrerseits. Bevor das Gespräch fortgeführt werden kann, muss das Missverständnis geklärt bzw. die Verwirrung beseitigt werden. Damit vermeiden Sie es, den Gesprächspartner als Manipulator zu „outen" – er oder sie kann das Gesicht wahren und hat ein elegantes Warnsignal erhalten.

Beispiel:

Die Situation: Sie haben einen Konflikt mit Ihrem Gesprächspartner. Sie haben sich darauf geeinigt, ein Konfliktlösungsmodell anzuwenden, bei dem zunächst jede Seite ihren Standpunkt darstellen und erläutern soll. Ihr Gesprächspartner hat sich nicht an die Abmachung gehalten. Er hat seinen Standpunkt erst gar nicht präsentiert, sondern gleich seinen Lösungsvorschlag hervorgezaubert. Sie stellen sich dumm.

Sie: „Moment, ich bin jetzt etwas verwirrt. Vorhin hatten wir uns darauf geeinigt, das Konfliktlösungsmodell Schritt für Schritt durchzuspielen. Ich habe Ihnen gerade meinen Standpunkt dargelegt. Eigentlich wäre es jetzt an Ihnen, mir Ihre Sicht der Dinge zu schildern. Sie haben mir aber gerade eine sehr präzise Lösung als Ihr letztes Angebot vorgeschlagen. War das jetzt ein Vorgriff oder ein Beispiel ...?"

Typische Situationen

- Der Manipulator versucht, Sie zu überrumpeln.
- Er lenkt vom eigentlichen Thema ab.
- Es wurde eine Vereinbarung getroffen und jetzt möchte der Manipulator plötzlich nachverhandeln.
- Der Manipulator versucht, Ihnen ein schlechtes Gewissen einzureden.

Schallplatte mit Sprung

Wenn man merkt, dass der Gesprächspartner vom Thema ablenken möchte, dass man eingeschüchtert, angegriffen, gereizt oder überrumpelt werden soll, kann es sehr hilfreich sein, die Schallplatte mit Sprung aufzulegen. Das geht ganz einfach:

Sie sagen immer wieder

- was Sie wollen oder
- worauf es Ihnen ankommt oder
- was Ihnen wichtig ist oder
- was Sie fragen möchten usw.

Beispiel:

Hans ist mit seinem Mitarbeiter Klaus unzufrieden. Jeden zweiten Tag kommt er mehr als 20 Minuten zu spät zum Dienst. Er führt ein Kritikgespräch mit Klaus. Klaus versucht im Gespräch, immer wieder geschickt abzulenken.

Hans: „Klaus, ich möchte mit Ihnen gern über Ihr Zuspätkommen sprechen. Das ärgert mich ehrlich gesagt."

Klaus: „Dass ich mal zu spät komme ärgert Sie? Schauen Sie sich lieber mal an, wie viel Arbeit da oft liegen bleibt. Ich wollte schon lange mit Ihnen darüber sprechen, wie wir das besser in den Griff bekommen könnten ..."

Hans: „Das ist bestimmt ein interessantes Thema, im Moment interessiert mich aber nur Ihr Zuspätkommen. Und darüber möchte ich mich mit Ihnen unterhalten."

Klaus: „Immer hat man es auf mich abgesehen. Ich verstehe das nicht. Bei der Urlaubsplanung werden meine Wünsche auch nicht richtig berücksichtigt."

Hans: „Die Urlaubsplanung steht auf einem anderen Blatt. Ich möchte jetzt gern mit Ihnen darüber sprechen, dass Sie jeden zweiten Tag zu spät zum Dienst kommen."

Spätestens jetzt sollte es Hans eigentlich gelungen sein, mit Klaus über das eigentliche Gesprächsthema zu reden.

Doch Vorsicht: Wie alle anderen Gesprächstechniken muss man die Schallplatte mit Sprung üben, üben, üben. Denn schon von Kindesbeinen an wird uns abtrainiert, direkt und hartnäckig zu sein. Aber: Die Schallplatte mit Sprung ist moralisch einwandfrei, niemand wird getäuscht, manipuliert, missachtet oder abgewertet. Man macht nur von seinem Recht Gebrauch, das zu sagen, was man will.

Typische Situationen

- Der Manipulator möchte Sie zu etwas bringen oder Ihnen etwas verkaufen, was Sie ablehnen.
- Der Manipulator versucht vom Thema abzulenken.
- Er möchte Nebenkriegsschauplätze eröffnen.
- Der Manipulator lässt Sie nicht ausreden und unterbricht Sie laufend.

Perspektive wechseln

Auch diese Schutztechnik ist im Grunde sehr einfach. Sie antworten nicht direkt auf einen Manipulationsversuch, sondern laden Ihren Gesprächspartner ein, die Situation mit Ihren Augen oder mit den Augen eines anderen zu sehen. Sie führen ganz bewusst einen Perspektivwechsel herbei.

Beispiel:

Max: „Also, Moritz, ich möchte jetzt einfach nicht mehr diskutieren. Entweder akzeptierst Du meinen Vorschlag oder ich entscheide die Sache ganz allein, und dann wirst Du schon sehen, wo Du bleibst!"

Moritz: „Max, diese Äußerung irritiert mich jetzt. Was glaubst Du, wie das jetzt auf mich wirkt?"

Hier lädt Moritz Max ein, sich die Sache mal aus seiner Sicht anzusehen. Im folgenden Fall bietet Moritz die Perspektive einer dritten Partei an.

Max: „Also ich kann einfach nicht verstehen, warum Dir mein Vorschlag nicht gefällt. Warum bist Du so unkooperativ?" Moritz: „Stell Dir vor, wir setzen Deinen Vorschlag um. Was werden dann Kasperl und Krampus machen?"

Typische Situationen

- Der Manipulator will nicht verstehen.
- Er stellt sich stur.
- Er beharrt auf seinem Standpunkt und gräbt sich in seine Position ein.

Aus der Situation treten

Manchmal ist es zur Abwehr von Manipulationstechniken am besten, den „Stier bei den Hörnern zu packen", das Gespräch entschlossen zu unterbrechen und den Manipulationsversuch offen anzusprechen. Das geht auf elegante Weise mit der folgenden Technik:

1 Gespräch klar und deutlich unterbrechen.
2 Unterbrechung kurz und klar begründen.
3 Wie geht es weiter?

Beispiel 1

Kurt wurde als Moderator eingeladen, um ein Team dabei zu unterstützen, einen schon lange schwelenden Konflikt zu bearbeiten. Die Teammitglieder schweifen in der Diskussion jedoch ab. Schließlich „tritt Kurt aus der Situation".

Kurt:

1. „Ich unterbreche die Diskussion."

2. „Ich habe den Eindruck, es geht hier nicht mehr um die eigentliche Sachfrage, sondern um eine Meinungsverschiedenheit, die mit dem Thema nichts zu tun hat."

3. „Ich werde die Ausgangsfrage noch einmal wiederholen, dann die wichtigsten Sachergebnisse der Diskussion zusammenfassen

und dann werden wir die Diskussion wieder aufnehmen. Sind Sie damit einverstanden?"

Kurt unterbricht die Diskussion deutlich, er spricht die unergiebige Situation an und macht schließlich einen Vorschlag, wie es weitergehen könnte.

Im nächsten Beispiel benutzt Karin die Methode *Aus der Situation treten*, um sich vor Unterbrechungen zu schützen.

Beispiel 2

Karin:

1. „Moment, jetzt möchte ich nicht mehr weitermachen – Auszeit!"

2. „Sie haben mir jetzt zum zweiten Mal das Wort abgeschnitten. Wir hatten uns auf die Regel geeinigt, dass jeder von uns ausreden darf."

3. „Ich möchte jetzt mein Argument zu Ende führen; dann höre ich mir gerne Ihre Ansicht an. Sind Sie damit einverstanden?"

Auch Karin unterbricht das Gespräch klar und deutlich, sie spricht den Manipulationsversuch (nicht ausreden lassen) an, und sie macht einen Vorschlag, wie es weitergehen sollte.

Der Kernpunkt dieser Methode ist, dass der Manipulationsversuch direkt angesprochen und identifiziert wird. Bevor man dies jedoch tut, sollte man das Gespräch deutlich erkennbar unterbrechen. Dies ist wichtig, damit die Sachebene des Gesprächs nicht mit der Beziehungsebene der Gesprächsteilnehmer vermischt werden kann. Nimmt man diese Trennung nicht deutlich genug vor, können sich das eigentliche Gesprächsthema und die Frage danach, wie miteinander im Gespräch umgegangen wird, so ineinander verschränken, dass nicht mehr erkennbar ist, worum es eigentlich geht.

Typische Situationen

- Der Manipulator hat bereits mehrfach Manipulationsversuche unternommen.
- Der Manipulationsversuch ist besonders drastisch (zum Beispiel eine Beleidigung).
- Andere Methoden konnten den Manipulator nicht dazu bringen, sein manipulatives Verhalten abzustellen.

Wie Sie mit Blockaden umgehen

Wie oft gerät man mit einem Gespräch nicht in die Sackgasse! Der Gesprächspartner mauert und versucht das Gespräch zu blockieren. Das folgende Eskalationsmodell beschreibt die verschiedenen Schritte oder Phasen, mit denen man auf eine massive Blockade reagieren kann. Von Phase zu Phase werden die Mittel und Methoden, die Sie einsetzen, direkter und deutlicher.

So gehen Sie vor
1. Verstehen
2. Kooperation unterstellen
3. Kooperation signalisieren
4. Blockade ansprechen
5. Macht fair einsetzen

Schritt 1: Verstehen

Sie haben die Blockade wahrgenommen und versuchen nun, die Situation des Gesprächspartners zu verstehen. In dieser Phase hören Sie vor allem zu und stellen Fragen – am besten offene. Verwenden Sie die oben beschriebene Methode des Präzisierungstrichters. Ihr Ziel sollte sein, herauszufinden, was Ihrem Gesprächspartner wichtig ist, welche Bedürfnisse er hat und vielleicht auch welche Befürchtungen.

Schritt 2: Kooperation unterstellen

Auch wenn Ihr Gesprächspartner weiterhin mauert – unterstellen Sie zunächst Kooperationsbereitschaft. Sie könnten dabei die Methoden wählen:

- *ignorieren und weitermachen*
  „Gut, lassen Sie uns im Modell fortfahren, ich möchte Ihnen zuerst meinen Standpunkt schildern ..."
- *dumm stellen*
  „Eines ist mir jetzt nicht ganz klar, wahrscheinlich habe ich mich nicht korrekt ausgedrückt ..."
- die Verhaltensweise *positiv interpretieren*
  „Da Sie auf meine Frage nicht antworten möchten, vermute ich, dass Sie einen sehr wichtigen Grund dafür haben. Ich möchte meine Frage daher zurückziehen ..."

Schritt 3: Kooperation signalisieren

In Phase 3 können Sie nun versuchen, Kooperation zu signalisieren. Am besten dadurch, dass Sie den ersten Schritt unternehmen. („Ich nehme zur Kenntnis, dass Sie offenbar nicht sofort Ihre Interessenlage darlegen wollen. Lassen Sie mich dann den ersten Schritt tun, indem ich Ihnen meine Erwartungen nenne. Sind Sie einverstanden?")

Löst sich die Blockade trotzdem nicht, sollten Sie Schritt 4 anwenden.

Schritt 4: Blockade ansprechen

In diesem Schritt benutzen Sie die Methode *Aus der Situation treten*, das heißt, Sie unterbrechen das Gespräch und sprechen die Blockade direkt an: „Ich möchte das Gespräch an dieser Stelle unterbrechen, wir sitzen nun schon 20 Minuten zusammen. Sie haben bisher auf keine meiner Fragen geantwortet und auch keinen Vorschlag unterbreitet, was wir Ihrer Meinung nach tun sollen. Ehrlich gesagt, habe ich das Gefühl, sie mauern ganz einfach. Was ist denn los?"

Stellen wir uns vor, auch durch Schritt 4 kommen Sie nicht weiter.

Schritt 5: Macht fair einsetzen

In Schritt 5 setzen Sie auf faire Weise Ihre Macht ein. Doch worin besteht Ihre Macht? – Die Macht, die Sie in einem Gespräch einsetzen können, ist Ihre Ausstiegsoption (Macht = Ausstiegsoption). Die Ausstiegsoption bestimmt das, was Sie tun, wenn das Gespräch mit Ihrem Gesprächspartner scheitert. Schon vor dem Gespräch sollten Sie sich fragen, wie Sie vorgehen wollen, wenn das Gespräch scheitert. Dabei kommt es darauf an, dass Sie fair bleiben – fair heißt, dass Sie dem

Gesprächspartner ankündigen, was Sie tun, und ihm die Gelegenheit einräumen, zu einem sachlichen und ergebnisorientierten Gespräch zurückzukehren. Dabei gehen Sie am besten schrittweise vor:

1 Kündigen Sie Ihr Vorhaben als faires Angebot an.
2 Setzen Sie Ihre Macht klar begründet ein.
3 Handeln Sie mit dieser Begründung konsequent.

Beispiel:

Herr Müller hat wiederholt wichtige an ihn delegierte Aufgaben einfach nicht erfüllt. Die Abläufe im Team leiden darunter sehr.

Sie sind die Teamleitung und führen ein Konfliktgespräch mit Herrn Müller. Offensichtlich blockiert Herr Müller. Sie haben die Stufen 1, 2 und 3 des Eskalationsmodells zur Überwindung einer Blockade erfolglos durchlaufen und setzen das Gespräch auf Stufe 4 fort:

Blockade ansprechen

Sie: „Auszeit! Ich sehe im Moment keine Möglichkeit, den Konflikt vernünftig zu lösen. Ich habe den Eindruck, Sie haben an dem Gespräch bzw. an einer gemeinsamen Suche nach Lösungen kein Interesse. Was ist los?" Herr Müller mauert weiter.

Macht einsetzen

1. Ankündigen als faires Angebot:
„Ich sehe jetzt zwei Möglichkeiten: Wir legen gemeinsam bis 15 Uhr eine Lösung fest, oder ich werde von meiner Leitungskompetenz Gebrauch machen und eine Abmahnung aussprechen. Aber ich hoffe doch sehr, wir finden gemeinsam doch noch eine dauerhafte und sinnvolle Lösung und schaffen die Sache aus der Welt. Was schlagen Sie vor?"

2. Einsetzen mit klarer Begründung:
„Herr Müller, ich habe jetzt ganz stark den Eindruck, dass Ihnen nicht an einer Verhandlungslösung gelegen ist. Als Teamleiterin bin ich dem Team und unseren Kunden dafür verantwortlich, dass

> die Aufgaben A, B und C perfekt und zuverlässig ausgeführt werden. Deshalb kann ich Ihr Verhalten nicht länger tolerieren. Ich muss eine Abmahnung aussprechen."
>
> 3. Konsequent handeln mit klarer Begründung:
> Abmahnung aussprechen.

Worin liegen die Vorteile des fairen Machteinsatzes? – Dem Manipulator wird auf der einen Seite ein Wiedereinstieg in einen sachlichen lösungsbezogenen Dialog ermöglicht, auf der anderen Seite wird ihm unmissverständlich klargemacht, welche Konsequenzen er zu erwarten hat, wenn er auf das Angebot nicht eingeht. Der Manipulator selbst hat die Wahl. Man droht ihm nicht einfach.

Wie Sie ein Gespräch abbrechen

Traurig, aber wahr: Manchmal geht es einfach nicht! Mitunter wird es notwendig sein, ein Gespräch klar und deutlich abzubrechen. In solchen Fällen gilt es, sich selbst zu schützen und so elegant wie möglich aus der Affäre zu ziehen. Weit verbreitete, aber wenig elegante Abbruchmethoden sind:

- schimpfend den Rückzug antreten,
- Vorwürfe machen,
- begründen, warum man selbst keine Schuld am misslungenen Gespräch hat,
- vage oder konkrete Drohungen ausstoßen,
- Ärger in sich hineinfressen und still abziehen,

- den Gesprächspartner einfach sitzen lassen,
- den Gesprächspartner abbrechen lassen – wie auch immer.

Doch es geht auch anders und besser. Versuchen Sie in solchen Situationen möglichst:

- die Initiative zu behalten, indem Sie selbst abbrechen,
- den Abbruch klar zu begründen,
- eventuell: die Folgen zu klären,
- eventuell: einen Weg zur „Goldenen Brücke" zu skizzieren.

Beispiele

„Herr Meier, ich tue das ungern, aber für mich ist nach dieser Bemerkung das Gespräch zu Ende. Ich lasse mich nicht beleidigen. Bis morgen um zehn Uhr bin ich für Ihre Vorschläge offen; dann werde ich mich beim Abteilungsleiter und dem Personalrat beschweren. Auf Wiedersehen."

„Meine Damen, meine Herren: Ich sehe keine Möglichkeit mehr, all die Missverständnisse in diesem Gespräch noch zu entwirren. Sie wissen, dass wir unter Zeitdruck stehen. Deshalb werde ich die Entscheidung selbst treffen, auf meine Kappe nehmen und Sie schnellstmöglich informieren."

Der Gesprächsabbruch ist der schlimmste aller möglichen Fälle. Aber auch für solche Situationen sollte man gewappnet sein, denn es geht nicht zuletzt auch darum, sich selbst zu schützen.

Argumentationsfallen und Scheinargumente

Wer will sich nicht in Gesprächen, Diskussionen oder Verhandlungen durchsetzen. Die Frage ist nur, wie dies geschieht. Nicht selten wird versucht, dieses Ziel zu erreichen, indem man die Gesprächspartner manipuliert. Bedenken Sie bei Ihrer Reaktion: Die Fallen werden oft unbewusst eingesetzt und auch manche Fehler unterlaufen unabsichtlich. Manchmal benutzt man selbst Scheinargumente, ohne dass man sich dessen wirklich bewusst wäre – mit anderen Worten, man manipuliert. Wer Scheinargumente erkennt, hat den ersten Schritt zur besseren Argumentationen bereits getan. Und wer qualitativ bessere Argumente findet, verbessert auch seine Überzeugungskraft.

Wir stellen Ihnen im folgenden die wichtigsten

- Taktiken,
- Argumentationsfallen und
- Scheinargumente

vor.

Wie Sie sich wehren

Es gibt ein paar ganz allgemeine Methoden, wie man sich vor Argumentationstricks und Scheinargumenten schützen kann. Generell ist es hilfreich, die folgenden Schritte zu unternehmen:

Schritt 1: Taktik erkennen und Fehler identifizieren

Dieser Schritt ist im Umgang mit Taktiken oft schon der entscheidende. Wenn Sie erkennen, dass eine Falle aufgestellt wurde, tappen Sie auch nicht blindlings hinein. Denn oft bemerkt man gar nicht, dass man gerade einer Scheinargumentation aufsitzt. Doch wenn Sie wissen, welche Taktik benutzt wird, haben Sie in der Regel auch den zentralen Schwachpunkt der Taktik identifiziert und können Gegenmaßnahmen einleiten.

Schritt 2: Faire Gegenmaßnahmen durchführen

Dabei haben Sie eine Reihe von Möglichkeiten:

- Sie sprechen ganz direkt an, welche Taktik der Manipulator gerade verwendet, oder welchen Fehler er begeht. Sie nennen die Taktik also beim Namen. Wenn Sie dabei noch die richtige Fachterminologie zur Identifizierung des Fehlers benutzen, liegt die Reaktionsbandbreite des Manipulators meist zwischen verdutztem Innehalten und erschrockenem Abwiegeln. Normalerweise wird er die Taktik dann nicht noch einmal einsetzen.

- Sie stellen kritische Fragen zur Argumentation des Manipulators. Die kritischen Fragen zielen dabei auf die zentralen Schwachpunkte der Argumentationsfalle. Kritische Fragen in freundlichem Ton stellen eine besonders elegante Gegenmaßnahme dar.
- Sie fordern vom Manipulator eine echte Begründung ein. Die Taktiken werden ja meistens dazu verwendet, sich den Anschein zu geben, man hätte ausreichend argumentiert und begründet. Dadurch soll der Gesprächspartner dazu gebracht werden, einen anderen Standpunkt zu übernehmen. Wenn Sie um echte Gründe bitten, machen Sie dem Manipulator klar, dass Sie sein Manöver durchschaut haben. Er trägt nun die Beweislast.

Selbstverständlich können Sie bei der Abwehr von Argumentationstaktiken auch jene Methoden verwenden, die wir Ihnen bisher vorgestellt haben (siehe Kapitel „Elegante Abwehrtechniken").

Wir werden im folgenden Teil die einzelnen Taktiken isoliert betrachten. Natürlich vereinfachen und typisieren wir dadurch wirkliche Situationen. Ein geschickter Manipulator kombiniert meist mehrere Taktiken und Manöver, um so den Druck auf den Gesprächspartner zu erhöhen. Doch diese Typisierungen werden Ihnen helfen, Manipulationsversuche leichter zu erkennen. Und je schneller Sie reagieren können, desto besser.

Schwarz-Weiß-Malerei

Schwarz-Weiß-Malerei kann ein hervorragendes Manipulationsmanöver sein, da der Eindruck vermittelt wird, es würde ganz logisch argumentiert. Der Manipulator nutzt sogenannte Entweder-oder-Argumente:

Entweder wir gehen ins Theater oder wir gehen ins Kino.

Wir gehen nicht ins Theater, also gehen wir ins Kino.

Die Argumentform ist immer dieselbe: Entweder tritt Fall A ein oder Fall B; wenn Fall B nicht eintritt, muss konsequenterweise Fall A eintreten. Diese Argumentation ist in sich logisch gültig. Doch bei Alltagsargumentationen dieser Art lauert ein fataler Fehler. Das Argument setzt nämlich voraus, dass nur die angegebenen Alternativen existieren, und nur unter dieser Voraussetzung ist das Argument auch tatsächlich gültig.

Der Manipulator setzt die Schwarz-Weiß-Malerei in Form eines Entweder-oder-Arguments ein, um „logischen Druck" auf den Gesprächspartner auszuüben, der diesen zwingen soll, sich der Argumentation des Manipulators anzuschließen.

Wenn Sie mit einer solchen Argumentation konfrontiert sind, sollten Sie sich also als erstes die Frage stellen, ob die Behauptung auch wirklich alle Alternativen umfasst. Wer sich durch Entweder-oder-Aussagen auf nur zwei mögliche Alternativen beschränkt, fördert das Schwarz-Weiß-Denken und blockiert eigenständiges Weiterdenken. Mit ein bisschen Anstrengung und Phantasie kann man diese Blockade durchbrechen. In den wenigsten Fällen stehen uns nur zwei einander ausschließende Optionen zur Verfügung.

Beispiel:

Hubert: „Es gibt im Moment nur zwei Möglichkeiten: Entweder wir verfolgen Plan A oder Plan B. Plan B ist nicht durchführbar. Also bleibt uns nur Plan A. Das ist ja wohl logisch."

Hubert benutzt ein Entweder-oder-Argument, um für Plan A zu argumentieren. Der Schwachpunkt liegt natürlich in der Entweder-oder-Behauptung. Gibt es wirklich nur die Alternativen zwischen Plan A und Plan B? Sind nicht noch weitere Möglichkeiten vorstellbar? Genau an dieser Stelle wackelt auch Huberts Argumentation.

Abwehr

Am besten ziehen Sie die Entweder-oder-Behauptung in Zweifel.

Beispiel:

Herbert folgt Huberts Argumentation nicht: „Hubert, Du hast von Plan A und Plan B gesprochen. Ich würde Dir zustimmen, wenn dadurch tatsächlich alle unsere Alternativen erschöpft werden. Aber ist das denn wirklich der Fall? Warum haben wir nur diese zwei Handlungsoptionen?"

Herbert stellt eine kritische Frage, die auf den Schwachpunkt von Huberts Argumentation aufmerksam macht; gleichzeitig fordert er Hubert auf, eine Begründung dafür zu liefern, warum nur zwei Alternativen existieren.

Der Fehlschluss der falschen Alternative

Eine bestimmte Alternative aus einer Reihe von gegebenen Alternativen wird als richtig oder akzeptabel eingestuft, weil die anderen Alternativen inakzeptabel seien. Bei diesem Manöver wird verschleiert, dass alle Optionen gleichermaßen unannehmbar und schlecht sein können. Das Argument verläuft also ungefähr so:

Wir haben Alternativen A, B und C. A und B sind inakzeptabel, also bleibt nur Alternative C.

In dieser Form ist das Argument natürlich unkorrekt. Anders sähe es aus, wenn wir mit Sicherheit wüssten, dass in der betrachteten Situation nur drei Möglichkeiten A, B, oder C in Frage kämen und wir gezwungen sind, eine auszuwählen. Dann könnten wir tatsächlich schließen, dass Alternative C richtig/akzeptabel sein muss, wenn sich A und B als falsch/inakzeptabel herausstellen.

Der Manipulator geht bei dieser Taktik in der Regel so vor: Zunächst verdammt er mögliche Alternativen als unannehmbar, um dann den eigenen Vorschlag als einzig mögliche Lösung zu präsentieren. Durch die Gegenüberstellung dieses Vorschlags mit den anderen Optionen entsteht der Eindruck, als seien alle Möglichkeiten bereits ausgeschöpft.

Beispiel:

> Werner und Marlene führen ein Konfliktgespräch. Jeder hat im Gespräch bereits einen eigenen Lösungsvorschlag präsentiert.
>
> Werner: „Also, Marlene, wo stehen wir im Moment? Wir haben zwei Lösungsvorschläge auf dem Tisch. Einen haben Sie vorgeschlagen, der andere stammt von mir. Sie haben nun selbst gerade gesagt, dass Ihr Vorschlag wohl nicht realisierbar sein wird. Nach dem Gesetz der Logik bleibt somit nur mein Lösungsvorschlag übrig. Da stimmen Sie mir sicher zu?"
>
> Es ist mutig von Werner, sich hier die Logik zum Verbündeten zu machen. Denn seine Argumentation wäre natürlich nur richtig, wenn die beiden Lösungsvorschläge tatsächlich alle Möglichkeiten ausgeschöpft hätten.

Wenn der Manipulator sehr geschickt vorgeht, wird er die Handlungsalternativen so beschreiben, dass tatsächlich der Eindruck entsteht, als wären alle Möglichkeiten in Betracht gezogen. Unterstützen werden ihn dabei Formulierungen wie:

- Prinzipiell gibt es nur drei Möglichkeiten ...
- Alles in allem stehen uns ja nur folgende Alternativen zur Verfügung ...
- Wenn man es genau betrachtet, haben wir ja nur zwei Möglichkeiten ...

Abwehr

Weisen Sie deutlich darauf hin, dass durch das Argument nicht gezeigt wird, dass die gewählte Alternative tatsächlich gut und akzeptabel ist. Sie machen den Vorschlag, nach weiteren Optionen zu suchen.

Beispiel:

 Werner hat Marlenes logischen Sachverstand unterschätzt. Sie kontert: „Ihr Argument wäre nur richtig, wenn unsere zwei Lösungsvorschläge wirklich die einzigen Alternativen wären, die wir hätten. Es folgt noch lange nicht zwingend, dass Ihr Vorschlag realisierbar und gut ist, nur weil mein Vorschlag zurückgezogen werden muss. Vielleicht sollten wir an eine weitere Alternative denken, bei der jedem von uns gedient ist ..."

Das falsche Dilemma

Eine ebenfalls mit der Schwarz-Weiß-Malerei verwandte Taktik ist die Konstruktion eines sogenannten falschen Dilemmas. Ein Dilemma hat folgende Form:

1 Entweder tritt Fall A ein oder Fall B.
2 Wenn Fall A eintritt, dann tritt Fall C ein.
3 Wenn Fall B eintritt, dann tritt Fall D ein.
4 Also tritt entweder Fall C oder Fall D ein.

Diese Argumentform ist logisch gültig. Bei einem Dilemma werden die Konsequenzen der Alternativen durchgespielt. Dabei wird unterstellt, dass man nur zwischen zwei sich erschöpfenden Alternativen wählen kann. Das Argument baut also auf einer Entweder-oder-Behauptung auf. Wenn diese Alternativen die Situation jedoch nicht ausschöpfen, handelt es sich um ein falsches Dilemma.

Beispiel:

Lothar hat Geld geerbt, das er nun gut anlegen möchte. Er denkt an ein Sparbuch oder an den Kauf von Aktien. Er argumentiert wie folgt: „Ich habe folgende Möglichkeiten: Entweder ich lege das Geld auf ein Sparbuch, oder ich investiere es in Aktien. Wenn ich es auf das Sparbuch lege, erhalte ich nur eine sehr geringe Rendite. Wenn ich es in Aktien investiere, trage ich das Risiko, dass ich sogar Geld verliere. Also gewinne ich nur sehr wenig oder verliere sogar etwas."

Ganz klar, dass Lothar hier einem falschen Dilemma aufsitzt. Denn die Alternativen, die ihm einfallen, sind erstens nicht erschöpfend und schließen sich zweitens auch nicht aus.

Ein Manipulator kann ein Dilemma geschickt einsetzen, um jemandem von einer bestimmten Handlung abzuraten. Dabei wird er – auf der Basis einer Entweder-oder-Behauptung – Konsequenzen ableiten, die nicht wünschenswert sind. Das Manöver funktioniert natürlich auch in umgekehrter Weise, wenn der Manipulator versucht, den Gesprächspartner zu einer Handlung zu bringen.

Beispiel:

Karl hat Probleme mit seinem Gruppenleiter. Er geht zum Abteilungsleiter Rainer, um sich zu beraten, was er tun könnte. Rainer ist das Gespräch unangenehm, er möchte Karl so schnell wie möglich wieder loswerden. Rainer zu Karl: „Klar, Sie haben recht. Sie haben zwei Möglichkeiten: sich zu beschweren oder ganz das Team zu verlassen. Aber bedenken Sie, wenn Sie sich beschweren, handeln Sie sich möglicherweise Ärger ein, der Sie stets in diesem Unternehmen begleiten wird. Wenn Sie daran denken, das Team zu verlassen, entgeht Ihnen die Chance auf eine Beförderung, die demnächst ansteht. Wie Sie es auch drehen und wenden, Sie werden in jedem Fall den Kürzeren ziehen."

In diesem Beispiel wird ein weiterer Schwachpunkt dieser Taktik deutlich. Wer sagt denn, dass die genannten Konsequenzen tatsächlich eintreten? Die möglichen Folgen der verschiedenen Alternativen können auf sehr wackeligen Beinen stehen. Prüfen Sie also gut, wie es um die genannten Konsequenzen wirklich steht. Oft malt der Manipulator nämlich furchterregende Konsequenzen aus, um dadurch den Gesprächspartner einzuschüchtern.

Abwehr

Gegen ein falsches Dilemma können Sie in ähnlicher Weise vorgehen, wie gegen die Schwarz-Weiß-Malerei in einem Entweder-oder-Argument. Sie fordern auf, weitere Alternativen zu suchen. Sie können außerdem in Frage stellen, ob die genannten Konsequenzen tatsächlich zu erwarten sind.

Beispiel:

Karl folgt Rainers Argumentation nicht: „Ich bin mir da ehrlich gesagt nicht so sicher, dass ich wirklich nur diese Möglichkeiten habe. Eigentlich bin ich zu Ihnen gekommen, um weitere Alternativen zu überlegen. Wenn ich tatsächlich nur die Möglichkeiten hätte, mich entweder zu beschweren oder das Team zu verlassen, sehe ich nicht, warum sich die Konsequenzen daraus ergeben sollten, die Sie genannt haben. Was meinen Sie damit, dass ich mir Ärger einhandeln werde, der mich im Unternehmen immer begleiten wird?"

Die Analogiefalle

Ein sehr wirkungsvolles Scheinargument für Manipulationen ist die Analogiefalle. Sie basiert auf einem Analogieargument. Bei einem Analogieargument wird gezeigt, dass eine Situation A zu einer Situation B ähnlich ist. In Situation A war es richtig/falsch Handlung X zu tun (oder: In Situation A war/ist Aussage X wahr/falsch), daher ist es auch in Situation B richtig/falsch X zu tun (oder: Ist auch in Situation B Aussage X wahr/falsch).

Beispiel:

Carla: „Meine Damen und Herren, eine Sache dürfte wohl klar sein: Es wird nichts bringen, wenn man versucht, die Finanzmärkte zu kontrollieren. Das Kapital lässt sich nicht vorschreiben, wohin es fließen soll. Die Regeln der Investition sind wie Naturgesetze. Auch die können wir nicht ändern. Wasser fließt nach unten, das Kapital fließt dorthin, wo es die beste Rendite gibt."

Carla will mit ihrer Argumentation darauf hinaus, dass sich das Kapital nicht kontrollieren lässt. Dazu bringt sie einen Vergleich (eine Analogie) zwischen den Regeln der Investition und den Naturgesetzen, die sich nicht verändern lassen.

In einer Analogie werden zwei Dinge oder Situationen verschiedener Art miteinander verglichen. Bei diesem Vergleich stellt man gewisse Ähnlichkeiten zwischen den Dingen oder Situationen her. Analogieargumente sind schwache, aber durchaus brauchbare Argumente. Ihre Überzeugungskraft beruht auf der Stärke der festgestellten Analogie, also auf der Frage: Sind die Situationen, die miteinander verglichen werden in einer für das Argument relevanten Hinsicht einander tatsächlich ähnlich? In unserem Beispiel müsste man also die Frage stellen: Können Investitionsregeln sinnvoll mit Naturgesetzen verglichen werden? Hier scheinen Zweifel angebracht.

Ein raffinierter Manipulator stellt Vergleiche zu Dingen oder Situationen her, denen man nur zustimmen kann oder die man einfach ablehnen muss – je nach Argumentationsrichtung des Manipulators. Da man der analogen Situation zustimmt (bzw. sie ablehnt), wird man gedrängt, die Zustimmung bzw. Ablehnung auch auf die eigentliche Situation zu übertragen, die Thema der Diskussion ist. In vielen Fällen ist man schneller überrumpelt als man denkt.

Beispiel:

In der Nähe einer kleinen Ortschaft wurde eine neue Müllverbrennungsanlage errichtet. Diese Anlage arbeitet nach einem neuartigen Verfahren, bei dem deutlich weniger Schadstoffe anfallen. Dennoch hat sich in dem Ort eine Bürgerinitiative gebildet, die auf die Abschaltung der Anlage drängt.
In einem Gasthaus treffen sich die Geschäftsleitung des Unternehmens und Vertreter der Bürgerinitiative. Der Geschäftsführer erläutert die Vorteile, insbesondere die Umweltverträglichkeit der neuen Anlage. Da meldet sich ein Vertreter der Bürgerinitiative zu Wort: „Wissen Sie, was mir an Ihrem Gedankengang überhaupt nicht gefällt, wo mir richtig unwohl wird: Damit Sie mit Ihrer Anlage produktiv arbeiten können, müssen wir doch Müll produzieren. Es kann doch gar nicht in Ihrem Interesse sein, dass Müll vermieden wird." Darauf erwidert der Geschäftsführer: „Aber das ist doch absurd, was Sie hier sagen. Das würde ja auf das gleiche hinauslaufen, als würden Sie fordern, wir sollten keine Kleider mehr tragen. Der Mensch hat immer Müll produziert und wird immer Müll produzieren."

In unserem Beispiel benutzt der Geschäftsführer einen Analogietrick, um die Absurdität der gegnerischen Position zu zeigen. Seine Argumentation beruht auf einer vermeintlichen Analogie zwischen – ja zwischen was eigentlich? Hier ist es gar nicht so leicht festzustellen, in welcher Form eigentlich ein Vergleich angestellt wird. Die eine Seite des Vergleichs ist das *Nicht-mehr-Tragen-von-Kleidungsstücken*. Aber was genau ist die andere Seite? Wenn man die Äußerung des Gegners anschaut, dann müsste es seine These sein: *Müll so weit wie möglich* reduzieren. Aber besteht hier tatsächlich eine Analogie zwischen diesen beiden Situationen, so dass dadurch die Argumentation des Anlagengegners tatsächlich ad absurdum geführt wird?

Doch warum ist man mit Analogien so leicht irrezuführen? Ein Grund dafür ist, dass man das Analogieargument oft gar nicht als solches erkennt und somit gar nicht auf die Idee kommt, Stärke oder Schwachpunkte der Argumentation zu prüfen. Besonders undurchsichtig wird es, wenn der Manipulator eine versteckte Analogietaktik benutzt.

Beispiel:

Regina wirft Helmut vor, dass es nicht richtig war, Konrad, einem langjährigen Mitarbeiter, zu kündigen. Helmut verteidigt sich: „Es gibt eben Situationen, wo man nicht anders kann und so handeln muss. Da gibst du mir sicher recht?"

Wo steckt hier die Analogietaktik? Helmut sagt, dass Situationen existieren, wo man eben so handeln muss, wie er es tut, in unserem Fall hieß das, einen Mitarbeiter zu entlassen. Dieser Aussage würden bestimmt die meisten Menschen zustimmen. Helmut benutzt diese Aussage zur Rechtfertigung seiner Handlung. Um sich jedoch wirklich rechtfertigen zu können, müsste er zeigen, dass seine Situation tatsächlich mit Situationen vergleichbar ist, die zu bestimmten Handlungen zwingen. Das aber bleibt Helmut schuldig. Erstens müsste er dann die Situationen, in denen es gerechtfertigt ist, einen Mitarbeiter zu entlassen, genauer beschreiben und zweitens müsste er zeigen, dass er in einer solchen Situation stand. Er rettet sich also durch eine vage allgemeine Regel und eine versteckte Analogie.

Abwehr

Am besten wehren Sie sich gegen eine Analogiefalle, indem Sie die behauptete Analogie bestreiten oder Sie zumindest in Frage stellen. Folgende Fragen können dabei helfen:

Sind die genannten Dinge oder Situationen wirklich in einer relevanten Hinsicht einander ähnlich? Oder gibt es wichtige Unterschiede?

Beispiel:

> Der Müllverbrennungsgegner hätte zum Beispiel so reagieren können: „Ihr Vergleich hinkt natürlich. Keine Kleider mehr zu tragen ist nicht vergleichbar mit meiner Position, Müll nach Möglichkeit zu reduzieren. Insbesondere hat der Vergleich auch nichts mit meiner Überlegung zu tun. Ich möchte Sie noch einmal dazu fragen: Müssen Sie als gewinnorientiertes Unternehmen nicht darauf achten, eine genügende Kapazitätsauslastung zu haben? Und heißt das nicht einfach, dass Sie immer genügend Müll benötigen und somit auch Müll in ausreichender Menge produziert werden muss?"

Am Rande bemerkt: Natürlich ist auch die Überlegung des Anlagengegners nicht ganz wasserdicht. Er unterstellt nämlich, dass eine genügende Kapazitätsauslastung nur erreicht werden kann, wenn kein Müll reduziert wird. Doch ist dieser Zusammenhang ja nicht zwingend. Eine Möglichkeit könnte sein, dass andere, umweltbelastendere Müllverbrennungsanlagen abgeschaltet werden.

Schwarzfärberei

Eine gängige Argumentationsweise ist, auf die negativen Konsequenzen einer Position hinzuweisen. Da diese Konsequenzen nicht wünschenswert sind, so wird argumentiert, wäre es notwendig, die ursprüngliche Position abzulehnen. Dieser Argumentationsgang hat folgende schematische Gestalt: Wenn wir die Position P akzeptieren, müssen wir mit Folgen F rechnen. Die Folgen F sind inakzeptabel, also dürfen wir Position P nicht akzeptieren.

Der Manipulator kann sich diese Argumentationsweise zunutze machen, indem er die Position seines Gegners aufnimmt und ein Bild drastischer und düsterer Konsequenzen zeichnet, die sich aus dieser Position ergeben. Der Gesprächspartner soll dadurch so eingeschüchtert werden, dass er sich von seiner Position zurückzieht.

Beispiel:

Das Nasa-Weltraumzentrum hat dem amerikanischen Präsidenten gemeldet, dass möglicherweise mit einem schweren Meteoriteneinschlag auf der Erde zu rechnen ist. Das Einschlagsgebiet soll Nordamerika sein. Zeitpunkt: in zwei Tagen.

Die Berater besprechen sich mit dem Präsidenten. Sie geben folgende Empfehlung: „Wir sollten auf keinen Fall mit dieser Nachricht an die Öffentlichkeit gehen. Die Folge wäre nur eine entsetzliche Panik in der Bevölkerung. Hinzu kommt, dass wir gar nicht wissen, wo genau die Meteoriten runtergehen werden – wenn überhaupt."

Ein Unternehmen hat eine Mitarbeiterbefragung durchgeführt. Das Ergebnis ist für die Führungskräfte niederschmetternd. Fast jede Führungskraft wird in Ihrem Führungsverhalten negativ bewertet. Der Geschäftsführer möchte das Ergebnis der Befragung zurückhalten, obwohl den Mitarbeitern zugesagt wurde, sie über die Resultate zu informieren. Der Marketingleiter ist jedoch der Meinung, dass man Mut beweisen und die Ergebnisse publik machen sollte. Der Geschäftsführer ergreift das Wort: „Haben Sie eigentlich schon einmal überlegt, welche Konsequenzen wir damit möglicherweise heraufbeschwören? Wenn wir diese Daten veröffentlichen, wird sich eine dermaßen negative Stimmung verbreiten, dass sich niemand mehr in diesem Unternehmen wohl fühlen wird. Und unsere Führungskräfte werden so verunsichert, dass sie nicht mehr in der Lage sein werden, vernünftige Entscheidungen zu treffen. Das wollen Sie doch nicht ernsthaft riskieren?"

Abwehr

Drei Abwehrmöglichkeiten gegen diese Taktik haben sich bewährt:

- Sie nennen die Taktik beim Namen und machen so darauf aufmerksam, dass manipuliert wird. Der Manipulator wird dadurch möglicherweise gezwungen, seine Folgenabschätzung zu entschärfen, weil er selbst bemerkt, dass er „zu dick aufgetragen" hat.

- Sie zeigen, dass die genannten Konsequenzen gar nicht oder nicht notwendig aus der Position folgen; meistens sind nämlich die aufgezeigten Konsequenzen viel zu radikal, um realistisch zu sein. Außerdem versucht der Manipulator in der Regel, die Konsequenzen als zwangsläufige Folgen darzustellen, um seinem Argument die nötige Stärke zu verleihen. Wir wissen aber nur zu gut, dass es kaum eindeutig identifizierbare, zwingende Folgen gibt – vor allem nicht im Bereich menschlichen Verhaltens.
- Sie kontern die Taktik, indem Sie die positiven Konsequenzen aufzeigen, die sich aus Ihrer Position ergeben. Diese positiven Konsequenzen überwiegen mögliche negative Folgen.

Im folgenden Beispiel wird die zuletzt genannte Abwehrmöglichkeit benutzt:

Beispiel:

Der Marketingleiter reagiert auf die Taktik des Geschäftsführers folgendermaßen: „Ich sehe die Situation etwas anders. In meinen Augen kann die Veröffentlichung eine sehr positive Wirkung haben – wie ein reinigendes Gewitter. Durch die Veröffentlichung bleiben wir erstens unserem Wort treu und zweitens geben wir unserem Unternehmen die Chance, sich zu verbessern. Ich bestreite nicht, dass es zu einiger Unruhe kommen wird. Aber die Erneuerungschancen, die sich daraus ergeben, überwiegen meines Erachtens. Jeder im Unternehmen kann dann nämlich identifizieren, wo genau es bei uns hapert – die Grundvoraussetzung für Veränderungen. Ich bin daher dafür, dass wir das Ergebnis auf jeden Fall veröffentlichen. Besonders auch, weil wir sonst einen erheblichen Glaubwürdigkeitsverlust erleiden, wenn wir nicht halten, was wir versprochen haben."

Ist Ihnen aufgefallen, dass der Marketingleiter erstens eine Analogie benutzt, um seinen Standpunkt zu unterstreichen (reinigendes Gewitter), und zweitens zum Abschluss seiner Äußerung ebenfalls das Argument negativer Konsequenzen einsetzt (negative Konsequenzen, die sich aus der Nicht-Veröffentlichung des Befragungsergebnisses ergeben)?

Die Rutschbahntaktik

Auch hier wird auf negative Konsequenzen hingewiesen. Der Gedankengang, der hinter dieser Taktik steht, ist folgender: Hat man erst einmal einen Schritt auf eine Rutschbahn gesetzt, gibt es kein Halten mehr, und die Situation lässt sich nicht mehr steuern.

Die Rutschbahntaktik wird auch „Lawinenargument" genannt. Lawinen können schon durch eine kleine Unachtsamkeit ausgelöst werden. Sie beginnen ganz sanft, reißen aber schließlich alles mit in die Tiefe. Die Angst vor solchen Kräften macht sich der Manipulator zunutze. Dabei startet er mit einem Vorschlag oder einem Standpunkt, der auf den ersten Blick vielleicht noch ganz vernünftig aussieht. Dann argumentiert er jedoch, dass durch diesen so harmlos scheinenden Vorschlag eine ganze Kette verhängnisvoller Konsequenzen ausgelöst wird, die schließlich in einen inakzeptablen Zustand münden. Daraus folgert er, der ursprüngliche Vorschlag müsse unbedingt abgelehnt werden.

Beispiel:

Bei der Omega Electric wird überlegt, welche Preisstrategie zukünftig gewählt werden sollte. Ein Vorschlag ist, die Preise zu senken, um auf diese Weise mehr Käufer zu gewinnen und dadurch den Umsatz zu steigern. Katharina, Mitglied der Geschäftsleitung, ist gegen diesen Vorschlag: „Wenn wir jetzt die Preise senken, wird unser größter Konkurrent Alphamind mit Sicherheit nachziehen. Das wird dann nur der Auftakt dafür sein, dass auch andere Unternehmen unserer Branche Preissenkungen durchführen. Das Ergebnis ist ein ruinöser Preiskampf."

Die Rutschbahntaktik wird in der Regel dazu eingesetzt, um vor bestimmten Handlungen zu warnen oder gar den Opponenten einzuschüchtern.

Wer sich mit der Rutschbahntaktik konfrontiert sieht, sollte zunächst prüfen, ob der Manipulator tatsächlich den vom Gesprächspartner geäußerten Vorschlag benutzt hat, um daraus die unliebsamen Konsequenzen abzuleiten. Häufig werden nämlich die ursprünglichen Positionen etwas verzerrt (siehe Abschnitt „Die Strohmanntaktik"), um die negativen Folgen daraus herzuleiten.

Die zweite Sollbruchstelle einer Rutschbahntaktik liegt in der konstruierten Kausalkette. Ein Lawinenargument ist nur so stark, wie die behaupteten kausalen Verknüpfungen. Und gerade hier stellt der Manipulator oft kausale Beziehungen her, die sehr fragwürdig oder sogar unhaltbar sind.

Beispiel:

Zwei Abteilungsleiter der Promex Constructa AG, Max und Franz, diskutieren, inwieweit Mitarbeiter in Entscheidungsprozesse einbezogen werden sollen. Max steht auf dem Standpunkt, dass man als Führungskraft in erster Linie allein die Verantwortung trägt und somit auch allein die Entscheidungen zu treffen hat. Er argumentiert weiter: „Stell Dir vor, ich würde tatsächlich anfangen, die Mitarbeiter das eine oder andere Mal bei Entscheidungen mitreden zu lassen. Ich würde dadurch nur die Erwartungen wecken, auch bei anderen Entscheidungen mitreden zu lassen. Das würde dazu führen, dass alle bei allen Entscheidungen dabei sein wollen. Kannst Du Dir das Chaos vorstellen? Wenn alle überall mitreden möchten, werden Entscheidungen immer zäher und zeitaufwendiger und am Ende wird vielleicht gar nichts mehr entschieden. Und dann leidet unsere Leistungsfähigkeit dramatisch."

Max verwendet die Rutschbahntaktik. Aus einem scheinbar harmlosen Schritt, der Einbeziehung der Mitarbeiter in einige wenige Entscheidungen, werden Chaos und Misserfolg.

Abwehr

Der Schlüssel einer angemessenen Reaktion auf die Rutschbahntaktik liegt in der behaupteten Kausalkette. In den meisten Fällen sind die einzelnen Glieder nur sehr schwach verzahnt. Hier sollte man mit kritischen Fragen oder dem Aufbau einer Gegenposition ansetzen. Will man gegen eine Rutschbahntaktik kontern, empfiehlt es sich, das schwächste Glied in der Kette herauszugreifen.

So ist bei der Argumentation von Max aus unserem letzten Beispiel der Übergang von *Bei einigen Entscheidungen mitreden lassen* zu *Bei allen Entscheidungen mitreden wollen* sehr gewagt und angreifbar. An diesem Punkt setzt Franz in seiner Replik auf Max auch an:

Beispiel:

 Franz: „Ich glaube, du malst ein viel zu düsteres Bild. Ein Schritt ergibt sich aus dem anderen fast wie ein Naturgesetz. Aber das muss doch gar nicht so sein. Dass Mitarbeiter bei Entscheidungen mitreden wollen, führt nicht zwangsläufig dazu, dass sie bei allen Entscheidungen mitreden wollen. Außerdem ist noch gar nicht geklärt, was Mitreden-wollen überhaupt heißt. Es ist doch durchaus möglich, dass die Mitarbeiter nur um ihre Meinung gefragt werden möchten, ohne selbst entscheiden zu wollen."

Franz konzentriert sich in seiner Erwiderung auf die schwache Kausalkette, die Max aufgebaut hat. Außerdem verfolgt er noch eine andere Strategie: Er macht darauf aufmerksam, dass die Kausalbeziehungen, die Max beschreibt, nur sehr ungenau sind. Auch das ist ein möglicher Angriffspunkt bei der Rutschbahntaktik. Die benutzten Ausdrücke selbst sind viel zu vage, um eine klare Kausalbeziehung herzustellen. Dadurch entsteht ein breiter Interpretationsspielraum.

Die Präzisionsfalle

Ein beliebtes Manöver, um sich mit einer Argumentation durchzusetzen, ist, die Argumente mit statistischen Aussagen zu unterlegen. Auch hier lauert eine Falle – die Präzisionsfalle.

Bei der Präzisionsfalle werden vom Manipulator Zahlenangaben, zum Beispiel Prozentangaben, eingesetzt, deren Herkunft äußerst zweifelhaft ist. Die Zahlen suggerieren aber Exaktheit und wissenschaftliche Fundiertheit, die aufgrund der Fragwürdigkeit der Datenerhebung gar nicht eingelöst wird. Wenn statistische Aussagen benutzt werden, die gar nicht oder nur äußerst schwer verifiziert werden können, begeht der Manipulator den Fehler der falschen Präzision. Dieses Manöver kann den Gesprächspartner leicht verleiten anzunehmen, dass die vom Manipulator aufgestellte Aussage exakt die Wirklichkeit abbildet. Tatsächlich ist die Exaktheit eine Täuschung, von der man sich nur allzu leicht irreführen lässt. Man verbindet mit der Angabe genauer Zahlen Wissenschaftlichkeit, und vertraut auf ihre Autorität.

Beispiel:

Inge, eine Unternehmensberaterin, in einem Gespräch mit dem Geschäftsführer von INTRIC: „Ich bin sicher, 80 % aller Schwierigkeiten in einem Unternehmen könnten gelöst werden, wenn die Führung sich mehr auf ihre eigentliche Aufgabe konzentrieren würde ..."

Wie kommt Inge zu der Zahl von 80 %? Die Zahlenangabe gaukelt eine Präzision vor, die auf keiner begründeten Basis steht, nur auf einer subjektiven, intuitiven Einschätzung. Potenziert wird der Fehler der falschen Präzision, wenn in der statistischen Aussage zusätzlich Begriffe vorkommen, die so ungenau sind, dass die statistische Aussage dadurch praktisch wertlos wird. Ein solch vager und ungenauer Ausdruck ist auch der Begriff „Schwierigkeit" in Inges Äußerung. Was meint sie eigentlich damit? Von welcher Art Schwierigkeiten ist die Rede?

Beispiel:

Konrad setzt Herrn Müller die Pistole auf die Brust: „Herr Müller, Sie sprechen davon, den Rechtsweg einzuschlagen. Sie wissen wahrscheinlich gar nicht, dass in einem Fall wie Ihrem nur eine

> zehnprozentige Chance auf Erfolg besteht. Wenn Sie die Mühen bedenken, den Ärger und auch das Geld, das es Sie kosten wird, um diese Sache durchzustehen, frage ich mich, ob es nicht doch besser wäre, nach einer einvernehmlichen Lösung zu suchen."

Konrad benutzt eine statistische Aussage, um seinen Gesprächspartner unter Druck zu setzen. Es ist völlig unklar, wie Konrad zu dieser Zahl kommt und worauf er sich damit bezieht.

Abwehr

Um der Präzisionsfalle zu entgehen, sollten Sie Zahlenangaben kritisch hinterfragen und eine Begründung einfordern.

Beispiel:

> Herr Müller reagiert so auf Konrads Präzisionsfalle: „Sie sprachen gerade von einer zehnprozentigen Chance. Wie kommen Sie denn zu dieser Zahl?"

Die Autoritätstaktik

Bei der Autoritätstaktik bezieht sich der Manipulator in seiner Argumentation auf Autoritäten wie Experten, Fachleute, bekannte Persönlichkeiten oder Institutionen, um so seiner Position ein stärkeres Gewicht zu verleihen und seinen Standpunkt zu stützen. Je höher das Ansehen der zitierten Autorität ist, desto stärker ist der Unterstützungsfaktor für die Position des Manipulators.

Für sich betrachtet ist der Bezug auf Autoritäten nicht falsch, manchmal ist er durchaus vernünftig und akzeptabel: Jeder von uns ist bis zu einem gewissen Grad auf Ratschläge angewiesen, die wir von Fachleuten bekommen. Mein Anwalt rät mir zu einer einvernehmlichen Lösung zu kommen. Mein Arzt rät mir zu einer speziellen Untersuchung. Expertenmeinungen dienen dazu, Standpunkte und Behauptungen zu begründen. Das ist durchaus sinnvoll und legitim. Wir können schließlich nicht auf jedem Gebiet Experte sein. Der Manipulator nutzt diese allgemeine Anerkennung von Expertenmeinungen jedoch aus, um eine Autoritätsfalle zu konstruieren. Dabei kann er auf verschiedene Weise vorgehen:

Möglichkeit 1

Der Manipulator beruft sich auf einen vermeintlichen Experten, der in Wirklichkeit gar kein Experte auf dem Feld ist, um das es im Gespräch oder in der Diskussion geht.

Dieser Fehler ist ein typisches Phänomen der Medienwelt. Da werden Popstars, Schauspieler, Sportler – die sicherlich in ihren jeweiligen Tätigkeitsfeldern als Experten bezeichnet werden dürfen – zu Themen befragt, für die sie eigentlich keine Experten sind. Die Autorität dieser prominenten Persönlichkeiten gründet nicht auf speziellem Wissen, sondern auf ihrer Popularität. Diese Popularität verschafft ihnen allerdings großes Gehör in der Öffentlichkeit. Nicht umsonst werden prominente Personen als Meinungsführer betrachtet.

Beispiel:

Für die Mendox AG geht es um die Frage, ob ein Werk in China errichtet werden soll. Max unterhält sich mit Klaus, dem Produktionschef. Max: „Ich finde, wir sollten nach China gehen. Für uns ist das eine große Chance. Auch unser Finanzchef unterstützt diesen Plan."

Max bezieht sich auf den Finanzchef als jemanden, der den Plan, nach China zu gehen, unterstützt. Es ist alles andere als klar, inwiefern dadurch die Position von Max, dass es sinnvoll sei, in China zu investieren, gestärkt wird. Sicher kann es wichtig sein, den Finanzchef auf seiner Seite zu wissen, immerhin ist er für die Fragen der Finanzierung zuständig. Fragwürdig bleibt trotzdem, ob dadurch auch die Sinnhaftigkeit des Projekts gezeigt wird. Das Argument wäre stärker, wenn der Finanzleiter ein ausgewiesener China-Experte wäre; aber das wissen wir nicht. Im Moment sieht es eher nach einem Manipulationsmanöver von Max aus. Denn, wenn Klaus gegen den Standpunkt von Max opponieren möchte, so hat er – scheinbar – automatisch auch den Finanzchef gegen sich, obwohl der im Gespräch gar nicht anwesend ist.

Möglichkeit 2

Bei der zweiten Vorgehensweise der Autoritätstaktik ist der Bezug auf den Experten so vage, dass er entweder ganz unbekannt bleibt oder dass das Feld der Expertise unklar ist.

Beispiel:

> Dr. Hanauer äußert sich auf einer Podiumsdiskussion zur Frage: „War der Euro eine Fehlentscheidung?"
>
> Dr. Hanauer: „Die Einführung des Euro war und ist eine der wichtigsten und fruchtbarsten Entscheidungen, die je getroffen wurden. Mit dieser Meinung stehe ich nicht alleine da, eine ganze Reihe namhafter Wissenschaftler bestätigt diese Ansicht."

Dr. Hanauer bezieht sich hier auf namhafte Wissenschaftler. Es bleibt nicht nur ungenannt, um welche Wissenschaftler es sich handelt, es wird auch nicht geklärt, auf welchem Gebiet diese Wissenschaftler tätig sind.

Ein Bezug auf Experten oder Autoritäten kann ein hohes Maß an Überzeugungskraft entfalten. Denn wer gegenteiliger Meinung ist, muss im Grunde nicht nur dem Manipulator entgegentreten, sondern auch der Phalanx vermeintlicher Experten, die angeblich auf der anderen Seite stehen.

Abwehr

Testen Sie Autoritätsargumente durch folgende Fragen:

- Ist der zitierte Experte wirklich ein Experte auf dem Gebiet, um das es geht?
- Um welche Experten handelt es sich?

Fordern Sie eine zusätzliche Begründung ein, geben Sie sich nicht mit einem Bezug auf Experten als einzige Begründungsbasis zufrieden.

Beispiel:

Klaus ist nicht in die Autoritätsfalle getappt. Er erwidert auf die Äußerung von Max: „Ich finde es gut, dass auch unser Finanzchef hier eine klare Position zu beziehen scheint und den Plan, nach China zu gehen, unterstützt. Aber welche davon unabhängigen Gründe sind für Dich ausschlaggebend, eine Investition in China zu empfehlen?"

Die Brunnenvergiftung

Diese radikale, manchmal auch plumpe Taktik benutzt der Manipulator, um die gegnerische Position von vornherein aus dem Rennen zu werfen und sich auf diese Weise einen Argumentationsvorsprung zu verschaffen. Dabei wird der Gesprächspartner in einer möglichen Gegenposition erschüttert, noch bevor er überhaupt ein Wort geäußert hat. Sollte jemand nun doch diese Position einnehmen, trinkt er aus einem vergifteten Brunnen – und das ist auch im besten Fall schon unangenehm.

Beispiele

„Wer wirklich ehrlich zu sich selbst ist, der wird sofort einsehen, dass die Behauptung, unser Anliegen sei nur profitorientiert, jeder Grundlage entbehrt."

„Niemand mit gesundem Menschenverstand wird ernsthaft den Standpunkt vertreten, dass wir unsere Firmenpolitik ändern sollten."

„Wem es wirklich um gemeinsame Ziele geht, der wird uns bei diesem Antrag unterstützen."

Sollten Sie gegen diese Meinungen opponieren wollen, riskieren Sie, als jemand dazustehen, der nicht ehrlich zu sich selbst ist, dem gesunder Menschenverstand fehlt oder der die gemeinsamen Ziele verrät.

Beispiel:

> Lothar zu seinen Mitarbeitern: „Nun lassen Sie mal die Kirche im Dorf. Halbwegs vernünftige Menschen werden doch aus dieser Sache keinen großen Konflikt machen ..."
>
> Wer jetzt aufsteht und gegenteiliger Meinung ist, der scheint zu jenen Individuen zu gehören, denen Vernunft abgeht. Wer wird sich da noch trauen!

Das Faszinierende an dieser Taktik ist, dass der Gesprächspartner oder Opponent in seiner Position erschüttert wird, bevor er überhaupt das Wort ergriffen hat. Die gegnerische Position wird so „vergiftet", dass jeder, der diese Position einnimmt, sich selbst diffamiert.

Eine besonders geschickte Variante der Brunnenvergiftung finden wir bei folgender Vorgehensweise: Der Manipulator macht zuerst klar, dass alle anderen Standpunkte von Vertretern bestimmter Interessengruppen stammen, die allesamt eigennützige Motive verfolgen. Im zweiten Schritt deutet er an, dass die eigene Position absolut objektiv und frei von egoistischen Interessen ist. Sobald nun jemand auftritt, der eine andere Position vertritt, steht er unversehens als typischer Interessenlobbyist da.

Die Brunnenvergiftung wird als Taktik gern benutzt, wenn die eigene Position einer genaueren Untersuchung nicht stand hält, wenn es um die eigene Sache also nicht zum Besten steht und man einer Diskussion ausweichen möchte. Sie ist besonders wirkungsvoll, wenn die gegnerische Position der landläufigen Meinung entgegensteht. Eine geschickte Brunnenvergiftung kann in solch einem Fall die Korrektheit des gegnerischen Standpunkts verdecken.

Noch eines ist wichtig: Gegen eine Brunnenvergiftung aufzustehen bedeutet, viel Energie und Kraft zu investieren, um seine Position zu vertreten. Die Kluft zwischen den Positionen wird dadurch scheinbar vergrößert und damit auch das Konfliktpotential. Durch eine Brunnenvergiftung wird ganz nebenbei auch die Stimmung vergiftet, und da die meisten Menschen nach harmonischen und friedlichen Beziehungen streben, stehen sie nicht auf, um ihre Position zu verteidigen.

Abwehr

Bei besonders deutlichen und plumpen Fällen von Brunnenvergiftung empfehlen wir: Haben Sie Mut und trinken Sie aus dem Brunnen! Ignorieren Sie die Brunnenvergiftung, denn sie ist nur eine Illusion. Es wird Ihnen weniger passieren als Sie befürchten. Insbesondere dann, wenn Sie den Gesprächspartner auf echte Begründungen festnageln.

Beispiel:

Max: „Niemand mit gesundem Menschenverstand wird heutzutage noch dafür plädieren, dass in unseren Schulen wieder eine Geschlechtertrennung eingeführt werden sollte." Moritz: "Auch auf die Gefahr hin, dass mir gesunder Menschenverstand fehlt, bin ich doch der Meinung, dass einiges für eine Geschlechtertrennung spricht. Aber erkläre mir doch bitte, warum du eine Geschlechtertrennung für falsch hältst."

In weniger eindeutigen und versteckteren Fällen von Brunnenvergiftung

- markieren Sie die unfaire Taktik,
- stellen Sie kritische Fragen
- oder fordern Sie auf, echte Gründe zu nennen.

Beispiel:

Gabi: „Also, wenn Du nur noch ein bisschen Verstand hast, dann weißt Du, dass es Unfug ist, in Deinem Alter noch den Motorradführerschein zu machen."

Ruth: „Was spricht denn dagegen, mit 50 noch Motorrad fahren zu wollen?"

Ruth reagiert auf Gabis Brunnenvergiftung mit einer Begründungsfrage. Dadurch schiebt Sie auf elegante Weise Gabi die Beweislast zu. Gabi kann sich nicht mehr hinter einer brunnenvergiftenden Formulierung verstecken.

Die Evidenztaktik

Bei der Evidenztaktik wird ein Sachverhalt als völlig klar und evident hingestellt, so dass sich jede weitere Diskussion und Argumentation im Grunde erübrigt. Die Taktik funktioniert nach folgendem Schema:

Es ist vollkommen klar, dass A wahr/richtig ist. Also muss A wahr/richtig sein.

Man sieht sofort, dass bei dieser Taktik eigentlich keine Begründung und Argumentation stattfinden. Sie wird angewendet, wenn der Manipulator sich seiner Beweislast entledigen möchte. Denn, wenn etwas völlig klar und evident ist, braucht man es auch nicht weiter zu diskutieren. Die besondere Wirkung der Evidenztaktik besteht darin, den Gesprächspartner in seinem Sachverstand und seiner Kompetenz herabzusetzen, wenn er etwas bezweifelt oder bestreitet, was doch offenkundig ist.

Der Manipulator setzt bei dieser Taktik häufig folgende Formulierungen ein:

- Es dürfte klar sein, dass ...
- Jeder weiß doch, dass ...
- Schon jedes Kind weiß, dass ...
- Es kann nicht geleugnet werden, dass ...
- Es ist ein unbestreitbares Faktum, dass ...
- Da sind wir uns doch einig, dass ...
- Es bedarf kaum einer Erwähnung, dass ...

Am besten funktioniert die Taktik, wenn die Behauptung, die als sonnenklar hingestellt werden soll, ein gewisses Maß an Akzeptanz besitzt, wenn die Behauptung also zu den gängigen Meinungen gehört. Sie wird schwieriger anwendbar, wenn die dadurch geschützte Behauptung nur von einer Minderheit vertreten wird und eher exotischen Status hat.

Beispiel:

Ein Software-Projekt bei Centaurus gerät ins Stocken. Es wird diskutiert, ob mehr Leute ins Team aufgenommen werden sollten.

> Ruth: „Ich denke, jedem ist doch klar, dass dieses Projekt nur erfolgreich zu Ende gebracht werden kann, wenn wir noch mehr Leute ins Team aufnehmen."

Ob das wirklich jeder so sieht? Wer jetzt gegen Ruth opponiert, der riskiert, gegen etwas zu sein, was anscheinend jedem – außer ihm selbst – klar ist. Er bringt sich somit automatisch in eine „Minderheitenposition", und Minderheiten haben es bekanntlich schwerer, ihren Standpunkt zu vertreten.

Abwehr

Lassen Sie sich von schützenden Formulierungen und Redewendungen nicht beeindrucken. Behalten Sie Ihre kritischen Zweifel, falls Sie welche haben. Äußern Sie vorsichtig, aber bestimmt Ihre Bedenken und Zweifel.

Beispiel:

> Karin: „Es ist sicher ein naheliegender Gedanke, das Team aufzustocken, um dadurch das Projekt planmäßig beenden zu können. Ich habe jedoch vor kurzem eine Untersuchung gelesen, die gezeigt hat, dass die Hereinnahme von neuen Mitgliedern in ein Team überraschenderweise den gegenteiligen Effekt hat, nämlich eine Projektverzögerung. Was haltet Ihr davon, wenn wir uns diese Untersuchung noch einmal ansehen, bevor wir eine Entscheidung treffen?"

Möglich wäre auch, dem Manipulator eine Begründungsfrage zu stellen, um ihm so die Beweislast, die er ja loswerden wollte, wieder zuzuschanzen.

Beispiel:

 Karin: „Du sagst das so sicher, Ruth. Was sind denn die wichtigsten Gründe aus deiner Sicht, dass dies so klappen könnte, wie Du vorgeschlagen hast?"

Die Garantietaktik

Bei der Garantietaktik verbürgt der Manipulator die Richtigkeit seines Standpunkts. Er wirft sich mit seiner ganzen Glaubwürdigkeit ins Feld und benutzt Redewendungen wie:

- Ich kann Ihnen versichern, dass ...
- Sie können mir glauben, dass ...
- Ich bin absolut überzeugt, dass ...
- Für mich gibt es nicht den geringsten Zweifel, dass ...

Benutzt der Manipulator solche Redewendungen, gibt er gewissermaßen sein Ehrenwort. Er bürgt für die Richtigkeit der aufgestellten Behauptung. Auch die Garantietaktik wird eingesetzt, um einer Diskussion zu entgehen und sich der Beweislast zu entledigen. In diesem Fall gibt der Manipulator seine persönliche Garantie für eine Sache. Wer nach diesem Schachzug noch Zweifel oder Kritik anmeldet, der könnte den Eindruck erwecken, er wolle die Glaubwürdigkeit des Sprechers in Frage stellen. Die Taktik funktioniert besonders gut, wenn der Manipulator hohes Ansehen genießt oder eine Machtposition einnimmt. Vorgesetzte können diese Taktik in aller Regel sehr gut gegenüber ihren Mitarbeitern einsetzen.

Beispiel:

Bei BetaCom geht es um die Einführung eines neuen Zielsystems.

Inge: „Ich finde, das Arbeiten mit Zielen hilft uns nicht weiter, solange die Führung nicht dahintersteht."

Helmut: „Eines ist doch völlig klar: Wir müssen uns verändern, und da ist jeder einzelne von uns gefragt. Ich versichere Ihnen, dass wir besonders unsere Zusammenarbeit durch dieses neue Zielsystem nachhaltig stärken werden."

Helmut benutzt im ersten Schritt die Evidenztaktik, um dann im zweiten Teil seiner Äußerung gleich die Garantietaktik nachzuschieben.

Abwehr

Am besten überlegen Sie sich eine geschickte Frage, durch die Sie dem Manipulator wieder die Beweislast zuweisen.

Beispiel:

Paul ist neu bei Xworld. Er hat das Gefühl, von seinen Kollegen geschnitten zu werden. Immer wieder kommt es zu kleinen Streitereien. Paul sucht Unterstützung bei seiner Vorgesetzten Nina, die zu beschwichtigen versucht.

Nina: „Ich versichere Ihnen, dass die Schwierigkeiten, die Sie im Moment mit Ihren Kollegen haben, nur die typischen Startprobleme sind."

Paul: „Das freut mich, dass Sie die Angelegenheit noch positiv sehen können. Aber was macht Sie denn da so sicher?"

Durch seine Frage zielt Paul auf eine Begründung und Präzisierung. Er stellt die Glaubwürdigkeit von Nina nicht in Frage, sondern er gibt ihr das Signal: Erzähl mir mehr.

Die Traditionstaktik

Wer kennt ihn nicht, den berühmten Satz: „Das haben wir schon immer so gemacht und damit basta!" Nicht selten wird ein Sachverhalt als positiv oder richtig hingestellt, nur weil er schon lange Zeit Bestand hat. Etwas ist gut, eben weil es schon sehr alt ist.

Beispiele

> Claudia argumentiert gegen die Einführung eines Konfliktmanagementsystems in ihrem Unternehmen: „Ich finde, wir sind bisher sehr gut ohne Konfliktmanagement ausgekommen. Wir haben unsere Probleme noch immer auf die eine oder andere Weise gelöst."
>
> Klaus wehrt sich gegen eine neue Produktpolitik: „Wir haben immer diese Produktpolitik verfolgt und sind doch ziemlich erfolgreich damit gewesen, nicht wahr?"
>
> Christoph ist gegen die Einführung eines neuen EDV-Systems: „Wir haben bisher nie mehr als 10.000 Euro pro Jahr für unser EDV-System ausgegeben. Wir waren sehr zufrieden, und alles hat funktioniert. Was soll uns die Einrichtung dieses neuen Systems also bringen außer zusätzlicher Kosten?"

Die Traditionstaktik wird in der Regel benutzt, um für die Aufrechterhaltung des Status quo einzutreten. Durch diese Taktik sollen Veränderungen abgewehrt werden. Sie ist eine typische Blockadestrategie.

Obwohl Veränderungen wichtig und notwendig wären, haben es diejenigen, die dies deutlich erkennen, oft schwer, mit ihren Ideen durchzudringen. Fast nichts ist für Menschen beängstigender als Veränderung, und gerade heutzutage, da allerorten permanenter Wandel gepredigt wird, sehnen sich viele Menschen nach Konstanz und Beständigkeit. Auf diesen Wunsch zielt der Manipulator mit der Traditionstaktik ab. Die Taktik ist besonders erfolgreich, wenn sie in Begriffe wie „Kontinuität" und „Vertrautheit" verpackt ist.

Natürlich steht Tradition für Erfahrung und Erfahrung auch für Wissen. Da aber die Welt sich ändert, kann das Beharren auf Tradition und Bewährtes schnell in eine Sackgasse münden – mit dem Ergebnis: lautes Wehklagen und der Spruch: „Wenn wir das nur früher gewusst hätten!"

Abwehr

Am besten reagieren Sie auf die Traditionstaktik mit kritischen Fragen oder mit Fragen, die konstruktiv nach vorn gerichtet sind. Zum Beispiel: „Gut, wir haben es bisher immer auf diese eine Weise gemacht. Aber wie könnten wir es sonst noch machen?"

Beispiel:

> Verena: „Wir haben seit der Gründung unseres Unternehmens kein Personalentwicklungskonzept gebraucht. Und es hat auch so funktioniert, oder?"
> Jürgen: „Du sagst, es hat auch so funktioniert. Gut, aber welchen zusätzlichen Nutzen könnten wir denn aus einem solchen Konzept für unseren Betrieb ziehen?"
> Jürgen versucht, durch eine Frage, die Aufmerksamkeit auf die positiven Aspekte eines Personalentwicklungskonzepts zu lenken. Auf diese Weise erhofft er sich, Verenas starres Beharren auf die Vergangenheit zu durchbrechen.

Die Tabuisierungstaktik

Die Tabuisierungstaktik wird benutzt, wenn man eine Diskussion bestimmter Standpunkte von vornherein vermeiden und ausklammern möchte. Die Standpunkte werden tabuisiert.

Das kann verschiedene Gründe haben: Man will die kostbare Zeit nicht mit vermeintlich unnützen Diskussionen vergeuden, man möchte einfach seine Position durchsetzen und mögliche Schwächen verschleiern. Die Tabuisierungstaktik ist eine autoritäre Taktik. Sie kann besonders wirkungsvoll von Personen verwendet werden, die eine starke Machtposition innehaben. Vor allem Vorgesetzte werden also zur Tabuisierungstaktik greifen.

Beispiel:

> Der Abteilungsleiter zu seinem Team: „Eins möchte ich gleich vorwegschicken. Wir werden uns auf keine Diskussion einlassen, die die Einstellung von Herrn Müller betrifft. Hier ist meine Entscheidung gefallen."
>
> Der Geschäftsführer auf einer Strategieklausur zu den Workshopteilnehmern: „Möglicherweise werden einige noch einmal auf die Frage zurückkommen wollen, warum wir in den asiatischen Markt vordringen sollten. Ich möchte gleich zu Anfang betonen, dass ich eine Diskussion dieser Frage für unfruchtbar halte ..."

Wer die Tabuisierungstaktik benutzt wirft seine Autorität in die Waagschale. Dagegen aufzustehen und zu opponieren könnte als Versuch gewertet werden, die bestehenden Machtverhältnisse in Frage zu stellen.

Abwehr

Eine Reaktion auf die Tabuisierungstaktik erfordert natürlich viel Fingerspitzengefühl, weil Sie davon ausgehen können, dass der Manipulator aus nicht genannten, eigennützigen Motiven zu dieser Taktik greift. Wenn sich dieser dann auch noch in einer entsprechenden Machtposition befindet, riskieren Sie, dass diese Macht gegen Sie eingesetzt wird. Wenn Sie dennoch eine bereits ausgeschlossene Behauptung vertreten möchten, sollten Sie das sehr gut begründen können, zum Beispiel, indem Sie auf die positiven Effekte Ihrer Meinung hinweisen.

Beispiele

Eine Besprechung bei Beta-Royal, bei der es um die Planung der nächsten Verkaufsfördermaßnahmen geht.

Rüdiger: „Die Verkaufszahlen, die hier auf dem Tisch liegen, können nicht bezweifelt werden. Lassen Sie uns also diskutieren, welche Konsequenzen wir aus diesen Daten ziehen wollen."

Georg: „Die Zahlen scheinen in der Tat sehr einleuchtend zu sein. Ich habe jedoch einen Fehler in unserer Methode entdeckt, der möglicherweise unser ganzes Datenmaterial umstürzt. Kann ich Ihnen das vorstellen?"

Rüdiger klammert zunächst einen bestimmten Punkt (die Gültigkeit des Zahlenmaterials) aus der Diskussion aus. Georg greift aber exakt diesen Sachverhalt auf. Der entscheidende Aspekt seines Vorgehens: Er gibt eine Begründung dafür, warum das vorgelegte Datenmaterial diskutiert werden sollte.

Die Geschäftsleitung der RBZ GmbH bespricht, wie man auf die jüngste Preissenkung durch die Konkurrenz antworten sollte.

Maya: „Wir brauchen gar nicht zu diskutieren, ob wir der Preissenkung unserer Mitbewerber folgen sollen oder nicht. Da müssen wir mitmachen. Es bleibt uns nichts anderes übrig."

> Hanna: „Ich sehe da eine Möglichkeit, wie wir die für uns negative Preissenkung nicht mitzumachen bräuchten und doch konkurrenzfähig bleiben."

Durch Mayas Äußerung wird der mögliche Standpunkt, das Preisniveau beizubehalten, als nicht diskussionswürdig ausgeschlossen. Die Argumentierenden nehmen sich dadurch die Option, neue Alternativen zu überlegen und vor allem auch für diese Alternativen gute Gründe zu finden. Hanna reagiert jedoch sehr elegant und geschickt, indem sie ein positives Angebot macht.

Die Perfektionsfalle

Die Perfektionsfalle ist eine klassische Blockadestrategie. Dabei wird ein Vorschlag abgelehnt, weil er nicht perfekt ist, obwohl kein besserer Lösungsvorschlag in Sicht ist. Die Perfektionsfalle beruht auf dem *Fehlschluss der unerreichbaren Vollkommenheit*.

Beispiele

> „Schatz, wie wollen wir denn dieses Jahr nach Rom fahren?" fragt Berta, „also ich wäre ja fürs Fliegen." Guido, Bertas Freund, antwortet etwas zögerlich: „Wir sollten nicht mit dem Flugzeug reisen. Man weiß nicht, ob es wirklich sicher ist."
>
> Guido lehnt Bertas Vorschlag ab, weil es keine absolute Sicherheit beim Fliegen gibt. Aber welche Alternativen existieren? Auch Züge oder Autos können in Unfälle verwickelt werden. Guido begeht den Fehlschluss der unerreichbaren Vollkommenheit.

> Robert ist Unternehmensberater. Er versucht, seinen Kunden davon zu überzeugen, dass es sinnvoll wäre, eine präzise Zukunftsstrategie zu entwickeln.
>
> Kunde: „Sie sagen, wir brauchen eine Strategie. Aber wer garantiert uns, dass wir durch diese Strategie wirklich erfolgreicher werden? Können Sie uns das garantieren?" Robert: „Natürlich nicht." Kunde: „Sehen Sie."
>
> Auch Roberts Kunde begeht den Denkfehler der unerreichbaren Vollkommenheit. Niemand wird garantieren können, dass eine Strategie so perfekt ist, dass automatisch ein wirtschaftlicher Erfolg eintritt.

In vielen Situationen steht uns keine perfekte Lösung zur Verfügung. Wir müssen vielmehr aus den uns gegebenen Möglichkeiten wählen. Jede dieser Optionen kann für sich genommen mit Defiziten behaftet sein. Man begeht einen Denkfehler, wenn man eine Alternative verdammt, weil sie nicht perfekt ist, obwohl keine bessere Lösung in Reichweite ist.

Wer perfekte Lösungen fordert, die alle Unwägbarkeiten ausschließen, verkennt die Realität. Wir haben immer nur mit begrenzten Möglichkeiten zu tun, die nie vollkommen sind, weil wir nicht alle Risiken ausschließen können. Könnten wir das, dann wären wir allmächtig. Tappen Sie also nicht selbst in diese Falle, und verlangen Sie keine perfekten Lösungen, wo dies unrealistisch ist.

Der Manipulator stellt die Perfektionsfalle auf, wenn er Vorschläge ablehnen oder Veränderungen verhindern möchte. Viele Vorschläge werden durch diese Taktik angegriffen, indem zum Beispiel geäußert wird, dass der Vorschlag im Grunde nicht weit genug geht, oder indem Veränderungen gefordert werden, die nicht erfüllbar sind und die jenseits der Kontrolle der Personen liegen, die den Vorschlag gemacht haben.

Abwehr

Sie können den Fehlschluss direkt ansprechen, oder Sie stellen eine geschickte, kritische Frage.

Beispiel:

> Konrad ist skeptisch gegenüber einem Qualitätssicherungssystem, das demnächst in seiner Abteilung eingeführt werden soll: „Es ist schön und gut, ein Qualitätssicherungssystem zu haben. Aber wer garantiert uns, dass dann keine Fehler mehr auftreten? Wie gewinnen wir die Sicherheit, dass wir wirklich keine Mängel mehr produzieren? Ein Qualitätssicherungssystem nach den ISO 9000 Normen kann uns das bestimmt nicht liefern."
>
> Anna reagiert auf Konrads kritische Äußerungen: „Wir sollten nicht den Fehler begehen und das geplante Qualitätssicherungssystem zurückweisen, weil es möglicherweise nicht absolut perfekt ist. Welche bessere Alternative sehen Sie zu dem geplanten System?"
>
> Anna lädt Konrad durch ihre Frage ein, darüber nachzudenken, welche bessere Lösung existiert. Dadurch macht sie klar, dass es nicht darum geht, eine absolut perfekte Lösung zu suchen, sondern die beste der möglichen Alternativen zu wählen.

Die Irrelevanztaktik

Wenn man einen Standpunkt begründen möchte, ist man verpflichtet, echte Gründe aufzuführen. Die genannten Gründe müssen für den Standpunkt relevant sein. Wenn der Manipulator eine Begründung liefert, die mit seinem Standpunkt im Grunde nichts zu tun hat, dann wendet er die Irrelevanztaktik an. Diese Taktik ist ein typisches Ablenkungsmanöver.

Beispiel:

 Elke, ein Tennisprofi, wird gefragt, ob Leistungssport eigentlich irgendeinen Nutzen stifte. Sie antwortet: „Soll Leistungssport wirklich unnütz sein? Ich sage Ihnen eines. Wir arbeiten tagtäglich extrem hart an uns. Viele Stunden werden mit äußerst anstrengendem Training verbracht. Wir stehen dabei auch unter einem riesigen psychischen Druck. Deshalb braucht man eine enorme mentale Stärke."

Es mag alles richtig sein, was Elke vorbringt. Aber zeigt es, dass Leistungssport nützlich ist? Elke begründet irgendeine andere Position, aber nicht die, die eigentlich zur Debatte steht. In Argumentationssituationen sollten Sie sehr genau darauf achten, ob tatsächlich die Position begründet wird, die zur Diskussion steht, oder ob bewusst oder unbewusst ein Ablenkungsmanöver gestartet wird.

Die Irrelevanztaktik wird gern eingesetzt, wenn man sich einer Kritik oder einem Angriff ausgesetzt sieht. Das Entscheidende bei der Taktik ist, dass man den Eindruck erweckt, als sei man noch beim Thema. Deshalb wird der Manipulator so oft wie möglich die Begriffe benutzen, die zum Diskussionsgegenstand passen, um auf diese Weise den Anschein aufrechtzuerhalten, als spräche man noch von derselben Sache.

Abwehr

Wenn Sie Zweifel haben, ob die genannten Gründe Ihres Gesprächspartners wirklich relevant sind, dann bitten Sie diesen am besten, seine Meinung noch einmal genau zu erläutern. Wenn er wieder dieselben zweifelhaften Gründe nennt, können Sie ihn durch eine kritische Frage auf die Irrelevanz aufmerksam machen und ihm gleichzeitig die Chance geben, seine Argumentation zu verbessern. Wird ganz bewusst ein Ablenkungsmanöver unternommen, sollten Sie versuchen, den Gesprächspartner deutlich auf das Thema oder die Frage zurückzuführen.

Beispiel:

Harald: „Ich glaube, wir sollten der Empfehlung des Beratungsunternehmens folgen und ein eigenes Forschungs- und Entwicklungszentrum aufbauen. Denn wir alle wissen doch, ‚Innovation' ist das Zauberwort – gerade in unserer Branche."

Regina: „Natürlich ist Innovation in unserer Branche extrem wichtig. Aber inwiefern siehst Du einen Zusammenhang zum Aufbau eines eigenen Forschungs- und Entwicklungszentrums?" Regina erkennt, dass der Aufbau eines eigenen Forschungs- und Entwicklungszentrums und die Wichtigkeit von Innovationen zwei verschiedene Dinge sind. Natürlich stehen beide in einem Zusammenhang. Aber es ist unklar, wie die Wichtigkeit von Innovationen die Notwendigkeit eines eigenen Forschungszentrums bedingt. Auf diesen Zusammenhang zielt auch Reginas Frage.

Der Angriff auf die Person

Der Gesprächspartner wird direkt angegriffen

Nicht selten wird der Gesprächspartner vom Manipulator direkt angegriffen, indem er dessen Charakter, Vertrauenswürdigkeit oder Motive in Zweifel zieht. Es gibt zahlreiche Argumentationsformen, die mit Argumenten gegen die Person arbeiten. Sie sind eine besonders beliebte Variante, um einem Gesprächspartner das Recht abzusprechen, eine bestimmte Behauptung aufzustellen oder eine bestimmte Position zu vertreten. Der Manipulator kritisiert den Argumentierenden und nicht den Standpunkt, den er vertritt.

Beispiele

Nathalie: „Ich frage mich, warum ausgerechnet Sie sich so vehement dafür einsetzen, dass Herr Müller bleiben kann. Haben nicht gerade Sie darauf gedrungen, im letzten Jahr Frau Meier sofort zu entlassen."

Gustav: „Kein Wunder, dass die Produktion wieder gegen diesen Vorschlag ist. Die wehren sich doch gegen alles, was irgendwie fortschrittlich ist."

Hans: „Klar, dass Sie als Arbeitnehmervertreter gegen diese Lösung sind. Es könnte dadurch ja Ihr Einfluss verringert werden ..."

Argumente gegen die Person sind oft eine wirkungsvolle Waffe. In den meisten Fällen sind sie jedoch eine bloße Taktik, den Gesprächspartner aus dem Rennen zu werfen. Solche direkten Angriffe stellen eine recht üble und unlautere Kategorie von Manipulationsmitteln dar. Hinter einem direkten Angriff steckt der Versuch, den Gesprächspartner als ernst zu nehmenden Diskussionspartner zu diskreditieren. Dahinter verbirgt sich die Überlegung: Wer als Person diskreditiert ist, besitzt keine Glaubwürdigkeit mehr.

Argumente gegen die Person werden vom Manipulator oft dann eingesetzt, wenn eine unbeteiligte dritte Partei am Gespräch teilnimmt oder ein Publikum zugegen ist. Durch diese Taktik zieht er die Sympathien des Publikums auf seine Position. Der Dialogpartner hat es oft äußerst schwer, sich aus der argumentativen Schlinge zu befreien, die ihm um den Hals gelegt wurde.

Beispiel:

Walter versucht bei einer Besprechung, Egon, seinen Widersacher, aus dem Rennen zu schlagen: „Sie sagen, die neuen Verkaufszahlen sprechen dafür, ein paar neue Leute einzustellen. Warum sollten wir Ihren Zahlen vertrauen? Haben Sie uns nicht im letzten Jahr wichtige Zahlen verschwiegen?"

Walter zieht die Vertrauenswürdigkeit von Egon in Zweifel, ein massiver Vorwurf und Angriff auf die Person.

Um keine Missverständnisse aufkommen zu lassen: Natürlich können in einer Argumentationssituation die Integrität einer Person und ihr Verhalten legitimer Gegenstand der Diskussion sein. Man denke nur an politische Debatten. Natürlich ist es uns wichtig, dass wir unseren Politikern vertrauen können. Wir erwarten, dass sie ehrlich und integer sind und sich nicht korrumpieren lassen. Charakterliche Eigenschaften spielen hier also eine wichtige Rolle. Deshalb können in politischen Debatten Argumente gegen die Person durchaus eine wichtige Funktion haben.

Der Charakter einer Person kann für ein Argument also tatsächlich relevant sein. Doch dürfen Aspekte des Charakters auch wirklich nur dann zum Diskussionsgegenstand werden, wenn sie dafür auch von Bedeutung sind. Ist jemand als Justizminister geeignet, wenn er schon mehrere Meineide geschworen hat? Selbst wenn er sich eines Besseren besinnt, seine Glaubwürdigkeit wird von Anfang an erschüttert sein. Vertrauen wir einer Zeugenaussage, die von einem notorischen Lügner stammt? Im Gerichtssaal können Argumente gegen die Person ausschlaggebend sein. Sollte jemand für einen hochrangigen Posten ausgewählt werden, der schon öfter einen Mangel an Urteilskraft gezeigt hat oder der nur sehr langsam Entscheidungen trifft? Ob Charakterfragen relevant sind, hängt also vom Diskussionsgegenstand ab. Argumente gegen die Person sind also nicht immer illegitim.

Abwehr

Sie sollten versuchen, so schnell wie möglich auf die sachliche Ebene des Gesprächs zurückzukehren, z.B. indem Sie den Kritikpunkt als irrelevant für die Diskussion markieren.

Beispiel:

Auf einem Workshop der Leitungskräfte von Omnitech macht David den Vorschlag, zwei Abteilungen zusammenzulegen, um so die Arbeit besser zu organisieren und stärker auf den Kunden auszurichten. Günter, ein Kollege, greift ihn an:

Günter: „Das ist doch Blödsinn, was Sie hier erzählen. Ausgerechnet Sie schlagen so schlaue Dinge vor. Dabei haben Sie mit Ihrer eigenen Firma Pleite gemacht."

David: „Ich glaube, der Punkt, den Sie hier ansprechen, hat nichts mit der Sache zu tun, die wir verhandeln. Uns geht es um die Frage, wie wir effektiver werden können und nicht darum, wie ich mein Unternehmen geführt habe. Welche stichhaltigen Einwände haben Sie denn?"

David versucht also, die Diskussion sofort wieder auf die sachliche Ebene zu bringen, indem er klarmacht, was der eigentliche Diskussionsgegenstand ist. Eine andere Möglichkeit für David wäre es gewesen, mit einer geschickten Frage zu reagieren, zum Beispiel: „Wie bringt uns Ihr Beitrag zu meiner Vergangenheit bei der inhaltlichen Lösung unserer Frage weiter?"

Sie können den persönlichen Angriff auch einfach ignorieren und auf der sachlichen Ebene weitermachen.

Beispiel:

Walter: „Sie sagen, die neuen Verkaufszahlen sprechen dafür, ein paar neue Leute einzustellen. Warum sollten wir Ihren Zahlen vertrauen? Haben Sie uns nicht im letzten Jahr wichtige Zahlen verschwiegen?"

Egon: „Ich kann Ihnen meine Zahlen ausführlich erläutern, wenn Sie möchten. Legen Sie Wert auf eine Erläuterung?"

Egon entschließt sich, Walters persönlichen Angriff zu ignorieren und sofort zu den Sachthemen zurückzukehren. Er macht dazu das Angebot, sein Zahlenmaterial zu erklären. Auf diese Weise behält er die Initiative.

Der Gesprächspartner wird indirekt angegriffen

Neben dem direkten Angriff auf die Person kann man auch indirekt angegriffen werden. Diese Variante wird häufiger benutzt als der direkte Angriff, da sie den Anschein von Objektivität wahrt und nicht so leicht als Beleidigung aufgefasst werden kann. Beim indirekten Argument gegen die Person zeigt der Manipulator einen Widerspruch auf zwischen dem Argument oder der Position einer Person und ihren Lebensumständen, Verhaltensweisen oder früheren Äußerungen. Indirekte Argumente gegen die Person können – gerade weil sie einen Schuss Sachlichkeit enthalten – sehr wirkungsvoll sein.

Beispiele

> Ministerpräsident eines Landes: „Der Bund ist nicht in der Lage, die Finanzkrise in den Griff zu bekommen und ordentlich zu sparen." Abgeordneter: „Bevor Sie den Bund kritisieren, sollten Sie in Ihrem eigenen Land die Situation in den Griff bekommen."
>
> Auf einem Workshop bei TeGnosis kommt es zu einer verbalen Auseinandersetzung zwischen den Teamleitern Bauer und Schulz.
>
> Bauer: „Ich bin der Meinung, ein echtes Feedbacksystem könnte uns in unserem Unternehmen nützlich sein. Ich stelle mir vor, dass sich die Führungskräfte regelmäßig von ihren Mitarbeitern beurteilen lassen."
>
> Schulz: „Dass der Vorschlag ausgerechnet von Ihnen kommt, wundert mich. In Ihrem Team stimmt es doch überhaupt nicht. Ständig hört man von irgendwelchen Konflikten. Offensichtlich funktioniert das bei Ihnen gar nicht mit dem Feedback."
>
> Frau Peter gibt Frau Loibl eine Empfehlung, wie sie mit dem Verhalten ihrer Tochter besser zurechtkommen könne: „Vielleicht sollten Sie Ihre Tochter ihren eigenen Weg finden lassen und sie einfach machen lassen."
>
> Frau Loibl: „Ich weiß nicht, wo Sie Ihre guten Ratschläge hernehmen. Ist Ihre Tochter nicht von zu Hause weggelaufen?"

In all diesen Beispielen wird versucht, auf einen Widerspruch in der Position des Gegenübers aufmerksam zu machen. Der Ministerpräsident wird beschuldigt, die Probleme im eigenen Land nicht im Griff zu haben. Schulz wirft Bauer vor, den Vorschlag gar nicht ernst zu meinen, da es in seinem Team erhebliche Konflikte gebe. Frau Loibl denkt, Frau Peter ist als Ratgeberin nicht qualifiziert, weil sie selbst Probleme mit ihrer Tochter hat. Immer wird die Gültigkeit einer Behauptung bezweifelt, indem man auf einen Widerspruch aufmerksam macht.

Manipulationsmanöver, die mit solchen vermeintlichen Widersprüchen arbeiten, sind nicht zu unterschätzen. Denn das indirekte Argument gegen die Person greift ihre Glaubwürdigkeit an. Ist aber die Glaubwürdigkeit einmal dahin, geht auch Vertrauen verloren. Und wo das Vertrauen fehlt, besitzen die besten Argumente keine Überzeugungskraft mehr. Darauf spekuliert der Manipulator. Natürlich kann es sein, dass in der Position eines Gesprächspartners ein Widerspruch steckt. In den meisten Fällen handelt es sich bei einem indirekten Angriff jedoch um keinen echten, sondern nur um einen fadenscheinigen Widerspruch.

Beispiel:

Ein Jäger wird der Barbarei beschuldigt, weil er unschuldige Tiere nur zum Zeitvertreib töte. Die Replik des Jägers darauf: „Warum essen Sie harmlose Tiere? Das ist doch das gleiche."

Der Jäger wirft seinem Diskussionspartner vor, sich in einen Widerspruch zu verwickeln. Diese Replik des Jägers aber ist reine Taktik. Der Jäger liefert kein Argument dafür, dass die Jagd zum Zeitvertreib akzeptabel sei. Stattdessen greift er die Position des Kritikers an. Aber ist die Kritik, die er vorbringt, legitim? Weist er tatsächlich einen Widerspruch in der Position des Kritikers nach? Sehen wir uns die einzelnen Aussagen genauer an. Der Kritiker beschuldigt den Jäger, Tiere nur zum Zeitvertreib zu töten. Welche Verhaltensweise klagt nun der Jäger an? Er attackiert die allgemeine Praxis, Fleisch zu essen. Aber zwischen der Gewohnheit, Fleisch zu essen und der Ablehnung der Jagd zum bloßen Zeitvertreib besteht sicherlich kein logischer Widerspruch. Die Replik des Jägers zielt also völlig daneben. Es besteht nur ein oberflächlicher, aber kein tatsächlicher Widerspruch in der Position des Kritikers.

Auch in der Position von Frau Peter aus dem vorletzten Beispiel steckt kein echter Widerspruch. Dass sie selbst Schwierigkeiten mit ihrer Tochter hat, steht nicht in Widerspruch zu ihrer inhaltlichen Empfehlung.

Abwehr

Das Beste ist, wenn Sie klarmachen, dass vom Gesprächspartner zwei verschiedene Dinge miteinander verwechselt werden. Es ist eine Sache, Fleisch zu essen und eine andere Sache, Tiere zum Zeitvertreib zu töten. Es ist eine Sache, dass die eigene Tochter von zu Hause wegläuft und eine andere Sache, wie Frau Loibl mit ihrer Tochter umgehen sollte. Machen Sie also klar, dass von unterschiedlichen Dingen die Rede ist und kein Widerspruch besteht.

Der Angriff auf die Unparteilichkeit

Auch der Angriff auf die Unparteilichkeit des Gesprächspartners ist eine Variante eines Angriffs auf die Person. Dabei unterstellt der Manipulator seinem Gesprächspartner Voreingenommenheit. Die Kritik läuft darauf hinaus, dass man nicht darauf vertrauen kann, dass der Gesprächspartner wirklich einen fairen Dialog führt, da er versteckten Motiven und heimlichen Interessen folgt, die ihn zwangsläufig auf eine bestimmte Position festlegen. Aufgrund seiner Interessenlage kann der Gesprächspartner somit unmöglich objektiv sein.

Beispiel:

> Bei einer Gemeinderatssitzung der Gemeinde Krumpholzmaning:
> Max: „... Ich glaube auch, es wird höchste Zeit, dass wir uns um die Erschließung des Auviertels kümmern und es als Bauland ausweisen. Das kann unserer Gemeinde nur gut tun."
> Maria: „Dass Du diesen Vorschlag unterstützt, wundert mich nicht. Du hast doch dort selbst ein Grundstück, oder?"

Maria wirft Max versteckte Motive vor, für eine bestimmte Seite zu argumentieren. Sie stellt seine Fairness und Objektivität in Frage. Dieses Manöver ist in vielen Fällen eine unfaire Taktik. Max besitzt möglicherweise gute Gründe für seinen Standpunkt. Diese Gründe sollte man von ihm einfordern. Stattdessen unterstellt Maria Max sehr eigennützige materielle Interessen. Doch selbst wenn Max einen wirklichen Nutzen davon hätte, wenn das Auviertel als Bauland ausgewiesen würde und er somit natürlich auch private Interessen daran hätte, folgt daraus noch nicht zwangsläufig, dass seine Position nicht haltbar ist und er somit von der Diskussion ausgeschlossen werden sollte.

Vielleicht wollte Maria andererseits auch gar nicht erklären, dass der Standpunkt von Max wertlos ist, sondern nur, dass man im Auge behalten sollte, dass Max in einen Interessenkonflikt geraten könnte.

Abwehr

Versuchen Sie auf der sachlichen Ebene des Gesprächs weiterzumachen. Leugnen Sie nicht, was nicht zu leugnen ist. Wenn man bestimmte Interessen hat, dann kann man sie in der Regel auch zugeben. Daraus folgt nämlich nicht, dass einem nur daran gelegen ist, seine eigenen Interessen durchzusetzen. Aus der Tatsache, dass man Interessen hat, folgt noch keine Voreingenommenheit. Ein guter Verhandler wird immer nach Lösungen Ausschau halten, bei denen die Interessen aller Beteiligten berücksichtigt werden.

Beispiel:

 Max reagiert mit folgender Äußerung: „Natürlich habe ich dort ein Grundstück, und natürlich hätte ich auch einen Nutzen davon, wenn wir das Gebiet als Bauland ausweisen. Ich habe jedoch davon unabhängige Gründe, die für meinen Standpunkt sprechen. Drei davon kann ich ja z. B. mal nennen ..."

Max versucht, wieder eine sachliche Atmosphäre zu schaffen, indem er sofort zugibt, was nicht abgestritten werden kann. Sein Trumpf ist Ehrlichkeit. Natürlich könnte er den Ball auch mit gleicher Stärke zurückspielen, indem er seine Gesprächspartnerin gleichfalls der Voreingenommenheit bezichtigt. Dann hätte er sich vielleicht so geäußert: „Klar, dass Ihr Naturschützer mit solchen Unterstellungen arbeitet. Ihr seid ja am Fortschritt unserer Gemeinde überhaupt nicht interessiert. Euch wäre es doch am liebsten, wenn wir uns zurück ins letzte Jahrhundert entwickeln würden." Eine rationale Diskussion wird nach dieser Äußerung aber kaum mehr stattfinden. Die Diskussion würde eher in ein fruchtloses Streitgespräch münden.

Die Prinzipienfalle

Fakten zu ignorieren, weil sie unseren heiligen Prinzipien entgegenstehen, ist ein Denkfehler. Die Prinzipienfalle arbeitet jedoch mit eben diesem Fehler: Tatsachen werden ignoriert oder verneint, weil sie Prinzipien oder festen Überzeugungen widersprechen, an denen man unbedingt festhalten möchte. Dieser Denkfehler heißt *Fehlschluss der Faktenverneinung.*

Unsere Prinzipien und Überzeugungen sollten jedoch immer an der Realität getestet werden und nicht umgekehrt. Wenn Tatsachen unseren allgemeinen Anschauungen widersprechen, müssen wir sie in der Regel eben ändern.

Beispiel:

Bei SenTex wurde ein neues Produktentwicklungsteam zusammengestellt. Die beiden Teamleiter, Andreas und Franz, unterhalten sich darüber, wie die Zusammenarbeit im Team bisher läuft. Beide stellen fest, dass man bisher sehr zufrieden sein kann. Das Team arbeitet wirklich gut zusammen. Franz ist jedoch noch etwas skeptisch. Er glaubt, dass nach der klassischen Teamtheorie noch eine Spannungsphase – Storming- Phase genannt – eintreten muss, bevor eine wirklich fruchtbare Zusammenarbeit entstehen kann.

Franz:„Ich glaubedie Gruppe muss erst eine Storming-Phase durchlaufen, bis sie wirklich gut zusammenarbeiten kann."

Andreas: „Aber die Gruppe arbeitet doch schon erfolgreich. Schon nach zwei Tagen hat sie einen kompletten Projektplan erarbeitet."

> Franz: „Das ist nur oberflächlich betrachtet so, es wird sich noch ändern. Das wirst du schon sehen."
>
> Franz betrachtet die Welt mit seiner Theorie im Hinterkopf. Da die Fakten der Theorie zu widersprechen scheinen, ändert Franz nun nicht die Theorie, sondern die Welt: Die Welt ist nicht wirklich so, wie sie uns scheint.

Oft ist es vernünftig, an einem Prinzip oder einer Überzeugung festzuhalten, auch wenn es eine widersprechende Tatsache gibt. Allerdings muss dann nach einer Erklärung gesucht werden, warum das Faktum das Prinzip nicht wirklich widerlegt. Verkehrt wäre es jedoch, Prinzipien oder allgemeine Überzeugungen generell nicht an den Tatsachen zu messen.

Die Prinzipienfalle wird oft dann eingesetzt, wenn man der Realität einfach nicht ins Auge blicken möchte. Oft ist sie Ausdruck purer Hilflosigkeit. Geschickt wird sie angewandt, wenn die Tatsachen nicht direkt geleugnet, sondern so uminterpretiert werden, dass gezeigt werden kann, dass sie nicht das sind, was sie zu sein scheinen.

Beispiel:

> Hans ist der Meinung, dass es im Abteilungsteam einen tieferliegenden Konflikt geben muss.
>
> Peter, sein Kollege, erklärt: „Aber alle haben geäußert, dass sie keinen solchen Konflikt sehen."
>
> Darauf sagt Hans: „Gerade das zeigt doch, dass es da einen Konflikt gibt."

Hans deutet die Tatsachen (hier: die Äußerung der Teammitglieder, dass kein Konflikt existiere) so, dass sie zu seiner Überzeugung passen. Auf diese Weise könnte man beliebige

Standpunkte rechtfertigen. Will man beispielsweise für die Position eintreten, dass Entwicklungshilfe unter allen Umständen absolut notwendig ist, hätte man mit folgender Argumentation leichtes Spiel: Zeitigt die Entwicklungshilfe positive Effekte, ist hinreichend bewiesen, dass sie gebraucht wird. Bleiben die Erfolge dagegen aus, zeigt das nur, dass mehr Entwicklungshilfe erforderlich ist.

Abwehr

Nennen Sie die Taktik beim Namen, um deutlich zu machen, welches Manöver der Manipulator gerade versucht.

Beispiel:

> Erich: „Es gibt eine Reihe von Anzeichen, dass es in Asien zu Währungsturbulenzen kommen könnte."
>
> Günter: „Es ist trotzdem gut und richtig, in Asien zu investieren. Wir lassen uns nicht mürbe machen."
>
> Erich: „Günter, wir sollten aufpassen, nicht den Fehlschluss der Faktenverneinung zu begehen. Du weißt selbst, wie leicht es passieren kann, an der Realität vorbei zu handeln. Lass uns doch die Tatsachen noch einmal prüfen."

Emotionale Appelle

Besonders wichtige Verbündete für den Manipulator sind Gefühle und Emotionen. Wenn der Manipulator Emotionen nutzt, um seinen Standpunkt durchzusetzen, dann sprechen wir von emotionalen Appellen. Dieser Einsatz ist oft illegitim, vor allem dann, wenn emotionale Appelle das einzige Mittel darstellen, um einen bestimmten Standpunkt zu stützen oder einen anderen aus dem Feld zu schlagen. Der emotionale Appell soll den Gesprächspartner dazu bringen, eine bestimmte Behauptung zu akzeptieren oder abzulehnen. In solchen Fällen findet keine echte Überzeugung statt. Vielmehr wird eine mächtige Beeinflussungsstrategie gewählt, die den Gesprächspartner oder den Adressaten in eine bestimmte Richtung drängen soll.

Gefühle spielen in unserem Leben eine wichtige Rolle. Sie sind ausschlaggebend dafür, dass wir Entscheidungen treffen und dass wir handeln. Rationale Gründe und Vernunft zeigen uns die Richtung, in die unser Handeln münden könnte. Gefühle sind die Motivatoren, die uns schließlich zum konkreten Handeln bewegen.

Diese Macht der Emotionen setzt der Manipulator ein. Dabei steht ihm die gesamte Bandbreite emotionaler Empfindungen zur Verfügung: Mitleid, Furcht, Solidarität, Neid, Hass, Stolz, Gleichmaß usw. Der Manipulator zielt mit seinen emotionalen Appellen auf die Instinkte seines Gesprächspartners. Es geht ihm darum, kritisches Denken außer Kraft zu setzen, um seiner Sichtweise zur Durchsetzung zu verhelfen.

Wir werden uns einige typische Beispiele für emotionale Appelle ansehen: populäre Gefühle, Solidaritätsgefühle, Furcht, moderate Gefühle, Appelle an die Fairness und Mitleid.

Appell an populäre Gefühle

Der Appell an populäre Gefühle ist eine typische Methode der Werbebranche. Es werden Emotionen und Meinungen wachgerufen, die in der Bevölkerung weite Zustimmung finden.

Man appelliert an Gefühle, von denen man weiß, dass sie auf die Bedürfnisse der meisten Menschen antworten. Denken Sie nur an die Werbeszenen, in denen die glückliche Familie um den festlich gedeckten Sonntagstisch versammelt ist und herrlich duftenden Kaffee genießt.

Beim Appell an populäre Gefühle spricht der Manipulator gezielt eine Emotion an, von der er weiß, dass sie bei seinem Gegenüber offen oder latent vorhanden ist.

Beispiel:

Auf einem Workshop versucht Konrad, die Teilnehmer auf seine Seite zu ziehen: „Ich glaube, wir hätten die Probleme nicht miteinander, wenn uns unsere Führung klarere Richtlinien geben würde. Die da oben sind es doch, die uns diese Suppe hier immer wieder einbrocken."

Konrad spricht aus, was viele denken, nämlich dass die Führung im Grunde an ihrer Misere Schuld ist. Konrad nutzt diese allgemeine Einstellung für seine Position aus.

Appell an das Solidaritätsgefühl

In engem Zusammenhang mit populären Gefühlen steht der Appell an das Solidaritätsgefühl. Dabei versucht der Manipulator, Gefühle der Solidarität zu wecken und ein Wir-Gefühl zu erzeugen, mit dem er sein Gegenüber auf seine Seite ziehen will.

Beispiel:

Dieter möchte Sonja dafür gewinnen, ihn bei der nächsten Budgetplanung zu unterstützen: „Schauen Sie, Sonja, wir sitzen doch im Grunde im selben Boot. Sie möchten erfolgreich in Ihrer Abteilung sein, und ich natürlich auch. Beide haben wir oft mit

Entscheidungen zu tun, die wir eigentlich nicht nachvollziehen können ..."

Dieter ebnet den Weg durch einen Appell an das Solidaritätsgefühl. Er spekuliert darauf, sich auf diese Weise Sonjas Wohlwollen und Unterstützung zu sichern.

Appell an die Furcht

Furcht ist eine wichtige Emotion. Aus Angst sind Menschen bereit, Dinge zu tun, die sie sich vorher nicht zugetraut hätten. Beim Argumentieren oder Verhandeln werden die Gefühle der Angst oft durch drastische Beispiele untermauert und auf diese Weise bewusst verstärkt.

Beispiele

Kurt möchte Helmer zur Kooperation bewegen: „Ich hoffe, Ihnen ist klar, dass wir im Grunde nur am Tropf unserer Muttergesellschaft hängen. Wenn wir nicht erfolgreich sind, nun ja ... es gibt Überlegungen, die Firma aufzulösen, und was das bedeutet, brauche ich Ihnen wohl nicht zu sagen. Sie sollten in diesem Quartal unbedingt die Umsatzziele erreichen."

Kurt setzt auf Angst, um seinen Gesprächspartner auf seine Seite zu ziehen. Furcht kann auch als versteckte oder offene Drohung eingesetzt werden:

Berthold: „Ich hoffe, Euch ist klar, dass keiner Eurer Arbeitsplätze wirklich sicher ist. Wer also die anstehenden Veränderungen nicht mitmachen will, sollte sich das gut überlegen!"

In diesem Beispiel arbeitet Berthold mit einer versteckten Drohung. Der Sprecher setzt gezielt auf die Angst der Mitarbeiter, ihren Arbeitsplatz zu verlieren. Jedes kritische Fragen wird damit unterbunden. Aber sehr wahrscheinlich erlischt auch das Engagement der Mitarbeiter für die anstehenden Aufgaben.

Appell an moderate Gefühle

Eine ganz besondere Taktik ist es, wenn dafür appelliert wird, keine Extreme zu verfolgen, sondern einen ausgeglichenen Mittelweg zu gehen. „Moderato" heißt das Motto. Für das Moderate ist der Gesprächspartner besonders dann empfänglich, wenn er sich für sehr rational und vernünftig hält. Man glaubt, dass die Wahrheit in der Ruhe und im Mittelweg liegt. Diese Taktik wird oft durch Wendungen begleitet wie: „Wir sollten hier vernünftig vorgehen ..."

Beispiel:

Ein Top-Manager wird gefragt, ob der Staat stärker in das Marktgeschehen eingreifen sollte. Er antwortet: „Wissen Sie, das eine Extrem repräsentieren diejenigen, die eine starke Industriepolitik fordern, das andere Extrem jene, die mehr freien Wettbewerb verlangen. Wie immer liegt die Wahrheit in der Mitte. Wir müssen eine vernünftige Politik betreiben: Wir brauchen eine ausgewogene Balance zwischen einer intelligenten Industriepolitik und einem sich selbst regulierenden Markt."

Die Wahrheit liegt also in der Mitte. Aber wo ist das genau? Und warum ist das so?

Appell an die Fairness

Die meisten Menschen möchten fair sein und integre Ziele verfolgen. Für den Manipulator also ein probates Mittel, um seine Position zu stärken. Es wird relativ häufig an diesen Wunsch, fair und integer zu sein, appelliert.

Beispiel:

Norbert: „Frau Meier, ich kenne sie ja jetzt schon sehr lange. Und ich weiß, dass Ihnen immer daran liegt, eine faire und gerechte Lösung zu finden. Lassen Sie uns doch auch dieses Mal wieder so vorgehen. Mein Vorschlag wäre daher, dass Sie Ihr Lösungsmodell zunächst noch einmal zurückziehen und wir gemeinsam überlegen ..."

Ob Frau Meier so viel Stehvermögen besitzt, diesen emotionalen Appell zu ignorieren?

Appell ans Mitleid

Mitleid ist ein starkes Gefühl, das uns sehr oft zum Handeln bewegt. Doch beim Argumentieren und Verhandeln wird es schnell irreführend, mit Appellen an das Mitleid einen Standpunkt zu begründen.

Beispiel:

Lydia hat Schwierigkeiten mit Frau Müller. Sie geht zu ihrer Vorgesetzten, Karin, um diese zu bitten, sich des Konflikts anzunehmen.

Karin: „... Sie sagen, Sie kommen mit Frau Müller nicht aus. Aber versetzen Sie sich mal in ihre Lage: Sie hat drei Kinder zu versorgen, ist alleinstehend und Sie wissen, dass ihr Gehalt auch nicht so toll ist, da sie ja nur halbtags arbeitet. Die Frau muss schauen, wie sie über die Runden kommt. Da kann man doch verstehen, dass ihre Nerven blank liegen und sie hin und wieder unangemessen reagiert."

Karin appelliert hier ganz deutlich an Mitleidsgefühle, um zu beschwichtigen.

Abwehr

Der wichtigste Schritt ist zu erkennen, dass mittels emotionalem Appell versucht wird, Sie zu etwas zu bewegen. Sie können durch kritisches Fragen den Gesprächspartner dazu auffordern, sachliche Gründe anzuführen. Selbstverständlich könnten Sie die Taktik auch ignorieren und weitermachen, oder die Schallplatte mit Sprung auflegen, also Abwehrmethoden wählen, die wir Ihnen im Kapitel „Elegante Abwehrtechniken" vorgestellt haben.

Sie können auch die Taktik beim Namen nennen, sollten aber das angesprochene Gefühl ernstnehmen.

Beispiel:

Monika appelliert an Mitleidsgefühle: „Wenn wir Herrn Peter jetzt entlassen, wird er vielleicht keinen neuen Arbeitsplatz mehr finden. Immerhin ist er schon 55 Jahre alt. Er hat eine kranke Tochter zu Hause, und seine Frau ist vor kurzem gestorben. Obwohl er aktiv Mobbing gegen Kolleginnen betrieben hat, sollten wir ihm noch eine Chance geben."

Katharina: „Natürlich ist Mitleid wichtig. Aber wir sollten eine Entscheidung nicht auf Mitleid gründen, sondern auf zwingende Gründe. Herr Peter war die entscheidende Person in der Mobbing-Affäre. Wir müssen unsere Mitarbeiter schützen. Daher müssen wir Herrn Peter so schnell wie möglich entlassen – auch wenn uns das nicht leicht fällt."

Katharina spricht den emotionalen Appell an und bringt gleichzeitig Gründe für ihren Standpunkt, dass Herr Peter nicht weiter im Unternehmen beschäftigt werden sollte.

Emotional gefärbte Begriffe einsetzen

Die Worte, die Sie benutzen, färben Ihre Argumente. Nur durch die Wahl Ihrer Worte können Sie Ihre inhaltliche Argumentation unterstützen und die Ihres Gesprächspartners unterminieren. Wer etwas Positives ausdrücken möchte, spricht anstelle von „Kosten" von „Investitionen", anstelle von „Problemen" von „Situationen" oder „Herausforderungen", anstelle von „Fehlern" von „Verbesserungspotentialen", anstelle von „Krisen" von „Lernchancen". Wer Dinge eher ins Negative rücken möchte, spricht nicht von „Lernchancen", sondern von „Krisen", anstelle von „Herausforderungen" von „Katastrophen", anstelle von „konstruktiven Vorschlägen" von „unausgegorenen Ideen" usw.

Diese Macht der Worte nutzt der Manipulator aus. Wörter können die Argumentation in ein bestimmtes Licht rücken, so dass die inhaltliche Qualität der Argumente aus dem Blickfeld gerät.

Beispiel:

> Egon: „Wir sollten in unserem Unternehmen kein Reengineeringprogramm starten. Das ist doch nur wieder eine dieser Managementmoden, die aus Amerika importiert wurden."
>
> Egon ist gegen ein Reengineeringprogramm. Das ist seine zentrale Behauptung. Er begründet diese Behauptung damit, dass es sich dabei um eine jener Managementmoden handelt, die aus Amerika importiert werden. Das Reizwort ist der Ausdruck „Managementmode". Die Verwendung impliziert, beim Reengineering handle es sich um keine substantielle Methode, die Erfolg verspricht, sondern lediglich um eine neue, kurzlebige Modeerscheinung. Dieses Reizwort dominiert das gesamte Argument. Wenn jemand auch nur ansatzweise in eine ähnliche Richtung denkt wie Egon, wird er die zentrale Behauptung sofort unterschreiben. Im Grunde wird durch die Verwendung von negativen Ausdrücken jede Argumentation unterbunden.

Auch im folgenden Fall wird versucht, durch einen emotional gefärbten Ausdruck den eigenen Standpunkt zu untermauern:

Beispiel:

Rudi zu seinen Arbeitskollegen: „Es bringt doch nichts, wenn wir schon wieder eine neue Arbeitsgruppe bilden. Da findet doch nur nutzloses Palaver statt."

Ist das ein gutes Argument gegen die Einrichtung einer Arbeitsgruppe? Dass in solchen Arbeitsgruppen nur nutzloses Palaver stattfindet, ist der einzige Grund, den Rudi anführt. Aber das ist reine Polemik. Wenn Rudis Kollegen Arbeitsgruppen auf ähnliche Weise einschätzen, wird er jedoch dankbare Anhänger finden.

Wörter besitzen „Überzeugungsenergie", die sich auf das gesamte Argument übertragen kann. Achten Sie daher darauf, ob in einem Argument Ausdrücke vorkommen, die allein aufgrund ihrer polemischen Kraft eine Konklusion zu stützen versuchen.

Abwehr

Entweder Sie stellen eine kluge Frage, durch die Sie den Gesprächspartner wieder auf eine sachliche Schiene lenken, (Frage an Rudi: „Was könnte man tun, um ‚nutzloses Palaver', wie Sie sagen, zu verhindern?") oder Sie weisen darauf hin, dass der von Ihrem Gesprächspartner benutzte Ausdruck auf die Situation nicht zutrifft. (Reaktion auf Rudi: „Sie haben völlig recht. Es sollte verhindert werden, dass in Arbeitsgruppen ineffektiv diskutiert wird. Das aber können wir ohne Weiteres erreichen, wenn wir ...")

Die Strohmanntaktik

Bei der Strohmanntaktik geschieht Folgendes: Dem Gesprächspartner wird ein fiktiver Standpunkt unterstellt, oder sein Standpunkt wird verzerrt oder übertrieben. Der fiktive oder veränderte Standpunkt ist dann ein leichter Gegner, der vom Manipulator mühelos niedergestreckt werden kann.

Vor allem in Pro-und-Kontra-Diskussionen werden Strohmänner gebaut. Dabei entsteht diese Taktik oft nicht einmal absichtlich. In vielen Fällen kommt es dazu, weil man den Standpunkt des Gesprächspartners entweder nicht genau begriffen oder dem Gesprächspartner nicht richtig zugehört hat. Besonders erfolgreich ist dieses Manöver dann, wenn der Gesprächspartner, dem ein bestimmter Standpunkt unterstellt wird, nicht anwesend ist.

Es gibt eine sehr raffinierte Variante, dem Gesprächspartner einen fiktiven Standpunkt anzudichten: Der Manipulator trägt eine gegenteilige Ansicht sehr betont und dezidiert vor. Indem er die Behauptungen gezielt unterstreicht, hört es sich so an, als würde der Gesprächspartner das Gegenteil vertreten.

Beispiel:

Politiker A: „Ich finde, wir brauchen mehr Mut, schwierige Fragen offen zu diskutieren."

Politiker B: „Meine Kollegen und ich stehen da mehr auf dem Standpunkt, dass es oberste Priorität sein muss, wieder einen klaren Konsens in unserer Gesellschaft herzustellen."

Wenn der Gesprächspartner (Politiker A) nicht schnell genug erklärt, dass auch für ihn die Herstellung eines Konsenses oberste Priorität hat, dann kann es sein, dass man ihm stillschweigend die gegenteilige Meinung unterschiebt.

Neben der Konstruktion eines fiktiven Standpunkts sind Übertreibungen, Vereinfachungen, Verallgemeinerungen, das Weglassen von Einschränkungen und Nuancen weitere Beispiele für die Strohmanntaktik. Eine Klage, die man in diesem Zusammenhang oft hört, ist, dass eine Äußerung aus dem Kontext gerissen wurde. Das kann selbst dann passieren, wenn jemand wörtlich zitiert wird. Die isolierte Äußerung kann Implikationen haben, die im Gesamtzusammenhang nicht aufgetreten wären. Betrachten Sie zur Illustration folgenden Fall:

Beispiel:

Hubert, ein bekannter Schauspieler, wird zu dem Gerücht befragt, er und seine Filmpartnerin hätten ein Verhältnis: „Sicher wäre die Vorstellung einer Affäre mit Nadja einfach ein Traum für viele Männer. Aber ich kann Ihnen versichern: Es gibt keine private Beziehung zwischen mir und Nadja."

Am nächsten Tag steht in der Zeitung: „Hubert: ‚Affäre mit Nadja einfach ein Traum.'"

Eine Meinung kann man leicht dadurch verallgemeinern und verfälschen, dass man qualifizierende Ausdrücke wie „einige" oder „ein paar" oder „manchmal" weglässt, um den Eindruck zu erwecken, der Standpunkt beziehe sich auf „alle" „immer".

Beispiel:

Klaus: „Es kann manchmal sinnvoll sein, auch ein bisschen autoritär zu werden, gerade als Führungskraft, wenn es um wichtige Entscheidungen geht."

Lena: „Es gibt jetzt doch viele neue Erkenntnisse zum Thema Führungsstil. Ich verstehe nicht, wie du für einen autoritären Führungsstil eintreten kannst."

Für Lena ist die verallgemeinerte These natürlich viel leichter angreifbar, als die abgeschwächte These. Viele Gesprächspartner neigen daher dazu, die Standpunkte des anderen oberflächlich und undifferenziert darzustellen, um schließlich als Gewinner aus der Diskussion hervorzugehen.

Abwehr

Wenn Ihnen ein fiktiver Standpunkt unterstellt oder Ihre Position verzerrt wird, sollten Sie sofort einhaken und darauf drängen, dass dies nicht Ihre Meinung widerspiegelt. Wenn Sie nämlich zu viel Zeit verstreichen lassen, kann es sein, dass sich niemand mehr an die ursprüngliche These erinnert. In der Zwischenzeit hat der Manipulator bereits gepunktet.

Beispiel:

Paula: „Wichtig wäre aus meiner Sicht, dass wir stärker in Entscheidungsprozesse einbezogen werden und nicht einfach vor vollendete Tatsachen gestellt werden."

> Rita, Paulas Vorgesetzte: „Wenn ich Sie bei jeder anstehenden Entscheidung fragen würde, was Sie tun würden, können Sie sich vorstellen, wohin uns das führt?"
>
> Paula: „Mir geht es natürlich nicht darum, bei jeder anstehenden Entscheidung mitzusprechen. Mir geht es darum, dass wir einen Modus finden, wie wir bei strategisch wichtigen Entscheidungen einbezogen werden könnten. Das heißt möglicherweise nur, dass Sie uns um unsere Meinung fragen ..."
>
> Paula macht sofort deutlich, dass Rita in ihrer Antwort Paulas ursprüngliche Position nicht richtig dargestellt hat.

Der Trivialitätstrick

Ein Spezialfall der Strohmanntaktik ist die Taktik des trivialen Einwands. Dabei bringt der Manipulator einen Einwand, der nur Randaspekte eines Themas, eines Vorschlags oder Arguments betrifft.

Beispiel:

> Sven: „Ich bin dagegen, dass wir umziehen. Wir müssten dann ja so vielen Leuten unsere neue Adresse mitteilen!"

Kennzeichen des trivialen Einwands ist, dass er zwar richtig zielt, aber nicht auf den Kern der Sache, sondern nur auf einen Nebenaspekt, der in der Diskussion vernachlässigt werden kann. Triviale Einwände werden entweder aus bloßer Angst vor Veränderungen vorgebracht oder als Taktik, wenn man keine echten Argumente vorbringen kann. Manchmal wird mit dieser Taktik versucht, den Gesprächspartner irrezuführen, ihn zu provozieren oder zu zermürben.

Beispiele

Rosi: „Ich finde es nicht richtig, dass unsere Abteilungen zusammengelegt werden. Da habe ich wahrscheinlich einen ganz anderen Arbeitsplatz und andere Tischnachbarn, die ich nicht so gut kenne."

Richard: „Mein Anwalt hat mir empfohlen, mich mit meinem Nachbarn gütlich zu einigen. Ich sehe das überhaupt nicht ein. Am Ende habe ich den noch beim Abendessen bei mir. Nein, ich will mit dem nichts zu tun haben. Das muss über das Gericht geregelt werden."

Abwehr

Bügeln Sie die Einwände nicht einfach nieder: Bleiben Sie Lady oder Gentleman. Es könnte sein, dass Ihr Gesprächspartner seine Einwände tatsächlich für relevant hält. Wenn Sie gereizt reagieren, wird Ihr Gesprächspartner sich nicht ernst genommen fühlen und die Gefahr einer Konfrontation entsteht. Versuchen Sie, den Einwand wie eine Frage zu verstehen, die Sie ruhig und sachlich beantworten. Oder machen Sie darauf aufmerksam, dass der Einwand zwar in bestimmten Situationen ein sinnvoller Aspekt sein kann, aber nicht den zentralen Punkt Ihrer Position trifft. Manchmal ist es geschickt, dem Einwand mit einer Frage zu begegnen.

Beispiel:

Andreas erklärt, dass es in einem Konfliktfall wichtig ist, herauszufinden, wo die Kerninteressen der beteiligten Parteien liegen. Martha erwidert: „Aber was ist, wenn jetzt eine Partei gar nicht zum Gesprächstermin erscheint?"

Andreas erklärt: „Sicher besteht die Möglichkeit, dass ein Gesprächspartner nicht auftaucht. Welchen Zusammenhang sehen Sie da zu unserem Punkt, dass für die Lösung des Konflikts die Kerninteressen herausgearbeitet werden sollten?"

Durch seine Frage versucht Andreas Martha zum Nachdenken anzuregen. Wahrscheinlich erkennt Sie von allein, dass der Kern der Sache durch ihren Einwand nicht getroffen wird.

Der Zirkelschluss

Bei einem Zirkelschluss dreht sich der Manipulator im Kreis. Er begründet seinen Standpunkt mit genau diesem Standpunkt oder mit einer Formulierungsvariante davon.

Beispiel:

Ines: „Es ging mir überhaupt nicht darum, Sie in irgendeiner Weise zu beleidigen und die Vereinbarung zu untergraben."
Klaus: „Ich bin mir nicht mehr sicher, ob ich Ihnen noch vertrauen kann."
Ines: „Das stimmt, was ich Ihnen sage. Sie können Frau Schulze fragen."
Klaus: „Woher soll ich wissen, dass Frau Schulze nicht mit Ihnen gemeinsame Sache macht."
Ines: „Das tut Sie bestimmt nicht. Das garantiere ich Ihnen."
Ob diese Garantie Klaus befriedigen wird? Klaus soll Ines vertrauen, weil Frau Schulze bestätigen kann, was sie sagt. Und Klaus kann der Aussage von Frau Schulze vertrauen, weil Ines die Vertrauenswürdigkeit von Frau Schulze garantiert. Ein schöner Zirkel.

Zirkelschlüsse werden meist unabsichtlich gebraucht. Der Manipulator merkt nicht, dass er seinen Standpunkt durch eine inhaltlich identische Aussage zu begründen versucht.

Häufig greift der Manipulator zum Zirkelschluss, weil er sonst keine Argumente weiß.

Beispiele

> Hermann: „Unser Marketing sollte viel aggressiver sein."
> Otto: „Warum denn?"
> Hermann: „Ich finde, es sollte einfach nicht so schwach und harmlos sein wie im Moment."
> Sohn: „Ich überlege, aus der Kirche auszutreten."
> Mutter: „Das halte ich für keinen guten Schritt."
> Sohn: „Warum denn?"
> Mutter: „Ich finde das einfach nicht richtig."
> Sohn: „Ja, aber warum?"
> Mutter: „Nein, es ist einfach nicht gut, aus der Kirche auszutreten."
>
> In beiden Fällen wird uns keine echte Argumentation geliefert. Die einzelnen Standpunkte werden durch sich selbst begründet.

Oft fällt der Zirkelschluss gar nicht auf. Er wirkt überzeugend, weil er einen einschärfenden Charakter hat. Uns wird die Behauptung quasi eingebläut. Hat die Behauptung gute Chancen, vom Gesprächspartner akzeptiert zu werden, weil sie ihm angenehm oder sympathisch ist, dann kann es sein, dass der Zirkelschluss erfolgreich ist. Denn der Gesprächspartner wird das Argument nicht so genau prüfen, wenn er ohnehin schon in die Richtung der vom Manipulator vertretenen Behauptung tendiert.

Ein Zirkelschluss kann dadurch getarnt sein, dass die Begründung, die die Behauptung stützen soll, mit anderen Worten formuliert ist, obwohl sie inhaltlich dasselbe aussagt.

Beispiel:

Richard: „Die Gerechtigkeit verlangt, dass alle die gleiche Steuerlast tragen. Denn es ist ein Gebot der Fairness, dass alle Bevölkerungsgruppen zu gleichen Teilen Steuerbeiträge leisten."

Begründung und Behauptung sind identisch, das Argument dreht sich dadurch im Kreis. Aber es fällt nicht unbedingt gleich auf, da unterschiedliche Worte benutzt wurden, um den Standpunkt auszudrücken.

Abwehr

Bei einem Zirkelschluss sollten Sie auf den Fehler aufmerksam machen. Wiederholen Sie die Behauptung, die der Manipulator aufgestellt hat, und die Gründe, die er genannt hat, um die Behauptung zu stützen. Dann wird deutlich, dass sich Ihr Gesprächspartner bei seiner vermeintlichen Argumentation im Kreis gedreht hat.

Der Mengentrick

Wenn viele Menschen hinter einem stehen, ist das nicht selten ein wichtiger Machtfaktor. Die Macht der Menge aber ist irrelevant, wenn es um das Argumentieren geht. Denn nur weil viele Menschen etwas glauben oder befürworten, muss ein Standpunkt noch lange nicht richtig sein. Diese Art der Argumentation heißt Zahlenargument.

Beispiel:

Kuno zu seinem Kollegen: „Natürlich war die deutsche Einheit sinnvoll. 60 Millionen Deutsche können sich doch nicht irren."

Es ist ein Fehler anzunehmen, dass eine Meinung berechtigt ist, nur weil viele Menschen diese Meinung vertreten. Aber der Mengentrick funktioniert oft sehr gut. Denn nur wenigen fällt es leicht, sich gegen eine Mehrheitsmeinung zu stellen.

Beispiel:

Rainer: „Nathalie, ich verstehe ehrlich gesagt nicht, warum Sie so auf Ihrer Meinung beharren und unbedingt selbst einen Blick in die Unterlagen werfen wollen. Alle anderen in Ihrem Haus haben akzeptiert, dass es Experten dafür gibt, die besser beurteilen können, wie gut die Verträge sind."

Wenn Nathalie nun trotzdem darauf besteht, die Unterlagen einzusehen, dann stellt sie sich gegen eine unsichtbare Mehrheit.

Abwehr

Weisen Sie darauf hin, dass die Anzahl der Anhänger nicht die Richtigkeit eines Standpunkts verbürgt.

Beispiel:

Nathalie zu Rainer: „Es mag sein, dass alle anderen, dies so akzeptiert haben. Mir ist es wichtig, selbst einen Blick in die Unterlagen zu werfen."

So leicht ist Nathalie nicht zu erschüttern.

Die Perspektivefalle

Wenn wir Entscheidungen vorbereiten, sollten wir uns sehr genau damit beschäftigen, welche Argumente dafür sprechen und welche dagegen. Dann müssen wir abwägen, welche Seite schwerer wiegt und welche Seite die besseren Argumente hat. Wer einer solchen Pro-und-Contra-Argumentation aus dem Weg geht, begeht den Fehler der einseitigen Perspektive.

Beispiel:

> Agnes: „Ich halte nichts davon, sich selbständig zu machen. Die Gefahren sind viel zu groß. Du musst viel zu viel arbeiten, hast keine Freizeit mehr. Du bist abhängig von den Banken, die Dein Unternehmen finanzieren. Du kannst Dich nicht um Deine Familie kümmern."

Der Fehlschluss der einseitigen Perspektive kann sowohl von der Vorteilsseite her geschehen als auch von der Nachteilsseite. Eine objektive Abwägung wird in jedem Fall vermieden. Wenn relevantes Material ignoriert wird, dann lassen wir uns dadurch zu schnell auf eine Seite der Entscheidung ziehen. In unserer eigenen Argumentation sollten wir darauf achten, ob wir wirklich vorurteilsfrei alle Perspektiven geprüft haben. Wir betrügen uns selbst, wenn wir bloß die eine Seite der Medaille in Augenschein nehmen, nur weil sie am stärksten unseren Wünschen entspricht.

Es gibt eine sehr raffinierte Variante der Perspektivefalle, die der Manipulator für uns aufstellen kann. Sie funktioniert auf folgende Weise: Angenommen, der Manipulator will für die positive Seite einer Entscheidung argumentieren. Dann nennt er zuerst einen ganz marginalen Nachteil, sozusagen das Zugeständnis an die andere Seite (er täuscht eine objektive Vor- und Nachteilsabwägung vor) und startet dann mit der Aufzählung der positiven Aspekte, die natürlich die negativen übertrumpfen.

Beispiel:

Bei der Logo GmbH geht es um die Frage, ob man ein neues Produkt herstellen sollte, obwohl man bisher keinerlei Erfahrung mit der Produktion dieses oder eines ähnlichen Produkts hat. Rudi favorisiert die Idee der Produktion. Er argumentiert: „Natürlich würde die Herstellung dieses neuen Produkts bedeuten, dass unsere Mitarbeiter eingearbeitet werden müssten, aber dem stehen die Vorteile entgegen, dass wir uns ein ganz neues Marktsegment erschließen können, ein Marktsegment, das ein ungeheures Wachstumspotential aufweist."

Dass die Mitarbeiter eingearbeitet werden müssten, wenn man das fragliche Produkt herstellen will, ist nur ein Randaspekt der Nachteilsseite. Es dürfte schwerwiegendere Gründe geben, die gegen eine Produktion sprechen, über die Rudi aber geschickt hinweggeht.

Abwehr

Bitten Sie den Manipulator um eine Darstellung der anderen Seite oder stellen Sie kritische Fragen, durch die Sie deutlich machen, dass man die Sache nicht nur einseitig betrachten darf.

Beispiel:

Auf die oben genannte Tirade von Agnes gegen das Selbständigmachen antwortet Hans: „Klar hast Du recht. Das können wirklich alles Nachteile sein. Aber welche Vorteile würden sich denn ergeben?"

Der definitorische Rückzug

Es gibt einige Verteidigungstaktiken, mit denen der Manipulator versuchen wird, seine Position zu retten, wenn er sie in Gefahr sieht. Eine übliche Form ist der definitorische Rückzug.

Bei einem definitorischen Rückzug ändert der Manipulator die Bedeutung der Wörter, wenn ein Einwand gegen seine ursprüngliche Formulierung vorgebracht wird.

Beispiel:

> Susanne: „Was ich gerade gesagt habe, war natürlich nicht als Kritikpunkt an Ihrem Vorschlag gemeint. Es war eher eine Einladung zu einem neuen Blickwinkel."

Der definitorische Rückzug wird eingeleitet durch Worte wie „Ich meine natürlich ...". Durch einen definitorischen Rückzug versucht man, einen Gesichtsverlust zu vermeiden, wenn man erkannt hat, dass es um die eigene Position ziemlich schlecht steht. Die Taktik geht am ehesten dann unbemerkt durch, wenn die gewählte neue Bedeutung sehr plausibel ist. Es wird für Sie nicht leicht sein nachzuweisen, dass Ihr Gesprächspartner tatsächlich einen definitorischen Rückzug begangen hat. Sie sollten ihn im Verdachtsfall noch einmal einladen, seine Position klar zu formulieren. Die nächsten Versuche eines definitorischen Rückzugs werden ihm dann schon schwerer fallen.

Absicherungstaktik und Sicherheitsleinen

Sich mehrdeutig oder vage ausdrücken

In engem Zusammenhang mit der Rückzugstaktik steht die Absicherungstaktik. Sie leitet oft einen definitorischen Rückzug ein. Dabei benutzt man mit voller Absicht mehrdeutige Begriffe oder vage Ausdrücke. Sollte die eigene Position gefährdet sein, zieht man sich einfach auf eine Bedeutung zurück, die dem Angriff entgeht.

Beispiel:

> Michael: „Mit offensiver Preispolitik habe ich natürlich nicht gemeint, dass wir in einen Preiskampf mit unseren Wettbewerbern eintreten sollten, sondern nur, dass wir in unserer Preispolitik flexibler sein sollten."
>
> Michael hat in seiner Äußerung gleich wieder eine Sicherung eingebaut, indem er von einer „flexiblen Preispolitik" spricht. Diese Position ist schwer anzugreifen, weil sie kaum einzugrenzen ist. Je nach dem Standpunkt des Gesprächspartners kann eine Bedeutung aus dem vagen Begriffsfeld „flexible Preispolitik" ausgewählt werden.

Die Absicherungstaktik ist ein typisches Manöver des Opportunisten, der sich auf nichts festlegt und sich dann der Meinung anschließt, die den sicheren Gewinn verspricht.

Abwehr

Bitten Sie den Manipulator, seine Position noch einmal genau zu präzisieren.

Sich auf versteckte Einschränkungen zurückziehen

Manchmal versucht der Manipulator, bereits in die Formulierung seines Standpunkts Sicherheitsleinen einzubauen. Eine Möglichkeit haben wir bereits im letzten Abschnitt kennen gelernt. Eine weitere Sicherheitsoption sind versteckte Einschränkungen.

Was kann man unter einer versteckten Einschränkung verstehen? Ihr Gesprächspartner hat bei der Formulierung seines Standpunkts eigentlich eine Einschränkung gemacht. Über diese Einschränkung aber geht er im weiteren Verlauf seines Arguments flott hinweg, so dass die Behauptung schließlich einen absoluteren Eindruck macht als sie durch die Einschränkung eigentlich machen dürfte. Dem Zuhörer entgeht dieser Fehler der versteckten Einschränkung.

Beispiel:

> Manuela versucht, ihren Vorgesetzten davon zu überzeugen, dass die Aufgaben im Team neu verteilt werden sollten und dazu eine eigene Teamsitzung einberufen werden sollte.
>
> Manuela: „Praktisch alle Teammitglieder sind dafür, dass wir mal eine Besprechung abhalten, in der wir die Sache mit der Aufgabenverteilung zur Sprache bringen. Das haben die Gespräche gezeigt, die ich im Team geführt habe. Ich finde, bei dieser Einmütigkeit sollten wir eine solche Besprechung konkret planen."

Der Ausdruck „praktisch" schränkt die Reichweite von Manuelas Behauptung ein. Sie fährt aber so fort, als wären alle Mitglieder wirklich befragt worden. Diese Ungenauigkeit wird oft aus rein taktischen Gründen angewendet. Wenn das Publikum oder der Zuhörer den Standpunkt nämlich nicht akzeptieren sollte, bleibt dem Argumentierenden die Möglichkeit, sich herauszureden. Manuela könnte ihre ursprüngliche Aussage abstreiten und behaupten, sie habe nur von einer „großen Mehrzahl" gesprochen, die für die Teamsitzung sei. Diese Taktik stellt eine Rückzugsmöglichkeit bereit, sollte der Manipulator in Bedrängnis geraten.

Andere typische Ausdrücke mit einschränkender Wirkung sind:

- im Grunde
- im Wesentlichen
- zu einem großen Teil
- unter gewissen Voraussetzungen
- im Prinzip

Solche einschränkenden Formulierungen sind für sich genommen nicht falsch oder inkorrekt. Es entsteht aber ein Argumentationsfehler oder ein Fehler in der Präsentation des eigenen Standpunkts, wenn man eine eingeschränkte Behauptung als absolute Behauptung darstellt.

Versteckte Einschränkungen werden oft und gern dann benutzt, wenn es keine definitiven Belege für einen behaupteten Zusammenhang gibt und eine Begründungslücke klafft. Obwohl also nur eine schwache Behauptung möglich ist, wird sie im Laufe der Diskussion zu einer starken Behauptung. Die Gefahr, aus schwachen Behauptungen starke zu machen, besteht vor allem da, wo es um die Beschreibung menschlichen Verhaltens geht und psychologische Erklärungen geliefert werden. Denn die meisten psychologischen Tatsachen und Zusammenhänge lassen nur sehr schwache Behauptungen zu.

Beispiel:

Harald erläutert seine psychologische Theorie: „Jeder Mensch gehört zu einem bestimmten Typ. Mancher reagiert mehr auf visuelle Reize, mancher mehr auf auditive Reize. Wenn jemand zu Ihnen sagt: ‚Das möchte ich mir gern näher ansehen', dann ist er gewöhnlich ein visueller Typ. Jetzt müssen Sie eine Sprache benutzen, die ihn als Augenmensch anspricht und ihm visuelle Reize bieten."

Auf der einen Seite stellt Harald eine sehr starke Behauptung auf, er betont, jeder Mensch gehöre zu einem bestimmten Typ; auf der anderen Seite benutzt er sehr vorsichtige Formulierungen, die diesen Standpunkt einschränken. Er spricht davon, dass mancher mehr auf visuelle Reize reagiert und mancher mehr auf auditive Reize. Zeigt das, dass jeder Mensch zu einem gewissen Typus gehört?

Abwehr

Achten Sie darauf, ob der Manipulator einschränkende Formulierungen benutzt, die später insgeheim gestrichen werden, so dass die anfänglich schwache Behauptung zu einer starken Behauptung heraufgestuft wird. Fragen Sie den Manipulator, was genau seine Behauptung ist. Fordern Sie ihn also zu einer Präzisierung seines Standpunkts auf.

Beispiel:

Ludwig reagiert auf Haralds Theorie. Ludwig: „Wie ist das genau zu verstehen? Heißt das, dass jeder Mensch einem bestimmten Typus zuzuordnen ist, oder heißt es, dass manche Menschen sich einem bestimmten Typus zuordnen lassen?" Ludwig bittet Harald also, seine eigentliche These zu präzisieren.

Teil 2: Nein sagen

Vorwort

Global denken, sich grenzenlos bewegen – das wollen wir alle. Aber gleichzeitig erleben wir auch Zwänge: Wir müssen uns täglich beweisen, um unseren Job nicht zu verlieren. Wir möchten unseren Kunden unsere Dienstleistung verkaufen. Wir wollen kooperativ im Team arbeiten. Und daheim brauchen wir Harmonie, um aufzutanken. Da scheint es kaum möglich zu sein, sich abzugrenzen, Nein zu sagen.

Und dann gibt es noch die Mitmenschen, die uns ein Ja abjagen, ohne dass wir es wollen: die Verkäuferin, die uns eine teure Gesichtscreme aufschwatzt, die Chefin, die uns zusätzliche Arbeit auf unseren Schreibtisch schiebt, oder ein Freund, der seine Bitte so nett verpackt, dass wir sie erfüllen.

Neinsagen ist tabu. Zwar nehmen wir uns hier und da Freiheiten. Aber nicht immer erlauben wir es uns, die Grenzen, die wir brauchen, offen und deutlich auszusprechen. Doch gerade das wäre wichtig, damit es uns gut geht und damit wir innovativ und zielorientiert arbeiten (und leben) können.

Wie Neinsagen gelingt, zeigt dieser Taschen-Guide. Lernen Sie, die Situationen zu erkennen, in denen Sie bisher ein Nein versäumt haben, und fangen Sie an, sich auf Ihre höchstpersönliche Weise positiv abzugrenzen und weiterzukommen.

Monika Radecki

Finden Sie in jeder Situation das passende Nein

Wir alle kennen Situationen, in denen uns das Nein nicht über die Lippen kommt, oder in denen nach einem Nein alles beim Alten bleibt.

In diesem Kapitel lesen Sie,

- wie Sie lernen, Nein zu sagen, obwohl Sie Ja sagen möchten,
- wie Sie herausfinden, in welchen Situationen Ihnen das passiert, und wie Sie es ab sofort besser machen können und
- wie Sie innere Konflikte erkennen und mit ihnen umgehen können.

Typische Situationen erkennen

Im täglichen Leben gibt es viele Gelegenheiten, in denen es sinnvoller und besser wäre, Nein zu sagen.

Analysieren Sie die Umstände

Beispiel:

> Herr M. hat seit Wochen zu viel zu tun. Dass sein Schreibtisch zu voll ist, liegt nicht an ihm. Seit seine Kollegin erkrankt ist, stapeln sich die Aktenberge. Sein Kollege L. steht morgens in seinem Büro mit einem dringenden neuen Projekt. „Ja, das sehe ich ein", sagt Herr M., „das gehört in meine Zuständigkeit."

Kennen Sie Gesprächssituationen, in denen Ihr Gefühl sagt: Da läuft etwas verkehrt. Aber bevor Sie wissen, was das sein könnte, ist die Lage schon entschieden – der andere ist „sein Problem" losgeworden. Sie haben es auf dem Tisch. Erst später fällt Ihnen ein: Ein einfaches Nein hätte gereicht. Oftmals geht es gar nicht um ein striktes Nein, zum Beispiel in Situationen, in denen es zu konflikthaft wäre, solche scharfen Grenzen zu ziehen. Das harsche Nein ist gar nicht nötig, wenn ein deutliches „Jetzt nicht" reicht. Manche Menschen reagieren schlagfertig und prompt – sogar in Überrumpelungssituationen. Was aber tun, wenn man selbst nicht so schlagfertig ist? Analysieren Sie Überrumpelungssituationen, in denen Sie unbedacht Ja gesagt haben. Überlegen Sie, wie Sie besser reagiert hätten. Wenn Ihnen das schwer fällt, sollten Sie sich Unterstützung holen, etwa bei einem guten Kollegen oder bei einem vertrauten Menschen. Beim nächsten Mal werden Sie eine solche Situation aktiver gestalten.

Kommen Sie sich auf die Schliche

Ich möchte Ihnen eine Reihe von Situationen vorstellen, in denen ein Nein ungesagt blieb. Einige werden Ihnen bekannt vorkommen. Und warum diese Erkundungstour? Kennen wir unsere typischen Fallen, dann können wir sie umgehen – wir können sogar einen ganz *anderen* Weg einschlagen. Oft wissen wir, dass wir eine Gewohnheit haben, die uns nicht gut tut. Und leider schauen wir dort – ebenso gewohnt – nicht so genau hin. Das bringt einen vorübergehenden Vorteil: Wir nehmen unsere Schwächen kaum wahr. Aber diese Unschärfe „kostet" auch: Wir machen dasselbe wieder und wieder. Stopp! Lehnen Sie sich einen Moment zurück: Identifizieren Sie die Situationen, in denen Sie regelmäßig ein Nein versäumen, das angebracht gewesen wäre.

> Wie viel Energie kostet Sie das zusätzliche Projekt (das Ihr Kollege Ihnen aufs Auge drückt), das verschwendete Geld (über eine unnötige Ausgabe, die Sie sich haben aufschwatzen lassen), das Ärgern darüber…? Wie würden Sie gern all diese gesammelte Energie nutzen?

Falle 1: Selbstbild „umsichtige Führungskraft"
Beispiel:

Zum Führungsstil von Frau K. gehört, dass sie ein offenes Ohr für die Belange ihrer Mitarbeiter hat. Nicht nur, weil sie ein netter Mensch und eine umsichtige Führungskraft ist. Sondern sie weiß, dass sie damit Zeit investiert, um zu erfahren, was in der Abteilung los ist. Heute steht sie total unter Druck. Sie weiß nicht, wo sie anfangen soll. Außerdem fehlt ihr der Nerv, weil gerade ein Anruf kam, dass ihre Mutter im Krankenhaus ist. Nun hat Herr S. ein Anliegen, und Frau K. hat gar nicht den Kopf, um zu fragen: „Ist es wirklich so dringend? Worum geht's genau?" Also winkt sie Herrn S. ins Zimmer, setzt ein geschäftsmäßiges Gesicht auf und verdrängt ihre persönlichen Sorgen.

Im Alltag gestatten sich manche Menschen nicht, ihre eigenen Schwächen einzugestehen, sie überfordern sich damit in guter Absicht. Sie haben das Gefühl, ihre Rolle nicht auszufüllen, ihren Job nicht gut oder sich angreifbar zu machen, wenn sie zugeben, dass ihre Grenze in dem Augenblick erreicht ist. Mit etwas Abstand würden sie (und Frau K.) schnell sehen: Neinsagen ist viel häufiger möglich, als wir denken. Wichtig ist dabei, den anderen sein Gesicht wahren zu lassen. Frau K. hätte das Anliegen von Herrn S. würdigen können. Dann hätte sie aber um Verständnis für ihre Situation gebeten (und sie nicht näher erläutert) – eine angemessene, verständliche Grenze. Herr S. hätte ihr das wahrscheinlich nachgesehen, selbst wenn er dadurch, dass seine Frage zunächst unbeantwortet bleibt, etwas ausgebremst wird.

Falle 2: Harmoniestreben

Manches Nein könnte sympathisch rüberkommen, wenn man es denn so äußern würde. Oft tun wir jedoch das Gegenteil. Vor allem im Privaten möchten wir mit Zustimmung oder einem Gefallen verhindern, dass die Harmonie gestört wird – oder noch schlimmer: dass *wir* es sind, die die Harmonie durch unsere Ablehnung stören. Oder wir sagen erst Nein, knicken dann aber ein und stimmen halbherzig doch zu. Aber eine solche Rechnung geht selten auf, weder privat noch beruflich. Wenn wir tun, worum man uns bittet oder wovon wir meinen, dass es der Harmonie dient, ohne dass wir selbst es wollen, sind wir häufig über die Konsequenzen enttäuscht: Kein Himmel geht auf. Keine Fanfaren ertönen. Dabei ist es manchmal recht einfach, mit einem Augenzwinkern „Nö" zu sagen, sich abzugrenzen und damit sogar dem anderen Menschen zu vermitteln: „Sie sind mir trotzdem sympathisch."

Falle 3: Perfektionismus

Manchmal muss man nicht Nein zu jemand anderem sagen, sondern zu einem blockierenden Anteil in sich selbst. Es geht nicht immer darum, anderen Grenzen zu setzen, sondern darum, aufzupassen, dass man nicht in eine eigene Falle tappt.

Beispiel:

> Frau B. erlebt eine äußerst stressige Phase im Job. Die ganze Produktion muss fertig gestellt werden. Und dann hat der wichtigste Kunde eine Anfrage – die kann Frau B. nicht liegen lassen. Ihre größte Falle, das weiß sie, ist ihr Perfektionismus. Frau B. bearbeitet also die Anfrage, ohne Rücksicht auf ihre sonstige Arbeit. Sie holt sich keine Unterstützung im Team oder beim Vorgesetzten und macht einen kostenintensiven Fehler.

Es erfordert Übung, sich selbst Grenzen zu setzen. Für den einen ist es eine echte Mutprobe, seinem inneren Perfektionisten Stopp zu sagen. Und für jemand anderen kann es sehr wichtig sein, seinem inneren Schweinehund Beine zu machen und in einer entscheidenden Situation aktiv zu werden. Wer diesen Schritt tatsächlich geht, sieht bald: Das lohnt sich, und manchem Fehler beugt man damit effektiv vor.

Falle 4: Rollenkonflikte

Vielleicht kennen Sie auch das: Manches Nein ergibt sich aus einem Zusammenhang, den man nicht allein verantwortet.

Wir „spielen" in unserem Berufs- und Privatleben viele Rollen. Allein im Beruf sind wir zum Beispiel:

- die eigene Persönlichkeit,
- Träger einer Funktion (z. B. Vertriebsmitarbeiter),
- Inhaber einer hierarchischen Stellung innerhalb des Hauses (z. B. Leiter der Vertriebsabteilung),
- Vertreter des Hauses nach außen,
- außerdem Kollege
- und Teilnehmer beim Abteilungsstammtisch.

Einige dieser Rollen nehmen wir gleichzeitig ein. Nun kann es passieren, dass wir als Führungskraft unterwegs sind, uns aber bei einer Frage eines Mitarbeiters als private Persönlichkeit angesprochen fühlen – oder umgekehrt. Die Rollen stehen mit unterschiedlichen Interessen, Zielen und Stilen in Verbindung. Und so kann es vorkommen, dass wir Nein sagen müssen, weil ein Konzept es so erfordert, obwohl die innere Stimme Ja sagen möchte. Da hilft es, sich seine Rollen und die entsprechenden unterschiedlichen Ziele bewusst zu machen – denn ohne diese „Rollenklärung" werden wir konfus. Das ist so, als hätten wir mehrere vitale Hunde an der Leine, die uns in entgegengesetzte Richtungen ziehen. Man vergisst dann manchmal, dass man selbst eigentlich Herr der Lage ist und vorgeben sollte, wo es langgeht.

Beispiel:

Herr Z. ist Zeitschriftenredakteur. In seiner Redaktion ruft Autor B. an, dem er Tage vorher einen Beitrag abgesagt hatte. B. argumentiert und streitet. Herrn Z. liegt das Thema von B. persönlich am

> Herzen, aber der Beitrag passt einfach nicht – das wurde auf einer Konferenz entschieden. Herr Z. dreht und wendet sich, bleibt beim Nein und wird Zielscheibe der ganzen Enttäuschung von B. Nach dem Telefonat fühlt sich Herr Z. völlig ausgebrannt.

Herrn Z. wäre die Situation leichter gefallen, wenn er sich klar gemacht hätte, um welche seiner vielen Rollen es hier geht. Dann wären ihm die richtigen Worte eingefallen, mit denen er deutlich gemacht hätte: Er hat persönliche Vorlieben, der Bedarf für die Zeitschrift ist aber leider ein deutlich anderer.

> Lernen Sie, spontan einen klaren Blick auf Ihre Situation zu werfen. Nehmen Sie dann Einfluss, wo Sie können; und kämpfen Sie nicht gegen etwas an, das Sie nicht ändern können.

Wenn andere Ihnen „ein Bein stellen"

Nicht nur wir selbst können uns ein Bein stellen, andere – oder die Umstände – tun es auch.

Falle 5: Fehleinschätzung

Vielleicht kennen Sie auch diese Version eines versäumten Neins: Man traut Ihnen etwas nicht zu. Aber es kann sein, dass der Grund nicht in Ihrer Leistung liegt oder in einem Fehler, den Sie in der Vergangenheit gemacht haben, sondern schlicht in der Bewertung durch eine andere Person.

Beispiel:

> Frau C. kommt nach dem zweiten Erziehungsurlaub zurück in den Job. Sie ist sehr motiviert und will wieder durchstarten. Die ersten zwei Teambesprechungen laufen freundlich ab – sie arbeitet sich noch ein. Als sie in der dritten Teambesprechung, in

> der es um Zuständigkeiten für neue Projekte geht, ihren Part übernehmen will, sagt ihre Chefin: „Nein, das können Sie in Ihrer Situation nicht mehr schaffen."
>
> Frau C. ist wie vom Schlag gerührt. Und schweigt. Die Antwort, die ihr einfällt („Können Sie das eigentlich beurteilen, Sie haben doch keine Kinder"), kommt ihr patzig vor. Also sagt sie nichts.

Die Vehemenz und die zugrundeliegende Haltung von Frau C. sind nachvollziehbar und angemessen. Folgende einfache Antwort wäre völlig passend gewesen: „Doch." Manchmal ist ein Nein zum Nein eines anderen gefragt.

Falle 6: Zu viele Anforderungen

Beispiel:

> Die Handwerksmesse ist in vollem Gang. Eine gute Gelegenheit, Kontakte für das eigene Geschäft zu nutzen, denkt Herr T. Er ist gut in seiner Branche eingebunden, die Lieferanten schätzen ihn und laden ihn zu vielen Messeterminen ein. Aber Herr T. sitzt zwischen allen Stühlen, weil er in der Firma eine aufwendige Produktlinie fertig stellen muss, und zu Hause kommt seine kleine Tochter mit ihrer neuen Klassenlehrerin nicht zurecht.
>
> Er sollte eigentlich mal wieder im Wald joggen, um seine Anspannung loszuwerden, mag aber den Messerummel nicht missen. Er steckt fest. Plötzlich weiß er nicht mehr, was gut und richtig ist. Seinem Gefühl nachzugeben, das traut er sich nicht. Ja, er ist sich gar nicht mehr sicher, was er überhaupt fühlt. Vor allem aber hat er Angst, etwas zu verpassen.

Herr T. sollte etwas Abstand von der Situation nehmen. Mit einem wachen Blick würde er leicht erkennen: Manches Nein ist im direkten Sinne „gesund" – es zu versäumen, kann dagegen ein weiterer Schritt auf den Burnout zu sein.

Nein – ohne Pardon

Es gibt übrigens Situationen, in denen muss man sich einfach abgrenzen, um sich selbst treu zu sein. Wenn es um die eigenen Werte geht, darf man keinen Aufschub riskieren, sondern muss mutig sein – nicht für andere, sondern für sich selbst.

Beispiel:

> Frau A. lässt keine Sitzung ihres Berufsverbandes ausfallen – die Veranstaltung ist für sie ideal, um sich zu informieren und auszutauschen. Eigentlich trifft man sich kollegial; man kennt sich seit langem. Aber manchem geht es um Status, um Macht und Einfluss. Da der Buschfunk funktioniert, braucht Frau A. nur die Ohren aufzusperren, um es trommeln zu hören. Kollege C. äußert sich heute in der Sitzungspause sehr abfällig über einen ostdeutschen Kollegen – seine Kleidung, seine rumänische Frau, sein Dialekt werden mit abfälligsten Worten bedacht. Frau A. ist entsetzt. Aber da sie einen Angriff gegen ihre Person fürchtet, wenn sie offen an die Fairness von Herrn C. appelliert, sagt sie nichts, sondern verlässt wütend die Versammlung.

Manches Nein ist fällig – zum Beispiel bei unfairem Verhalten im Team. Nein – ohne Pardon. Sprechen Sie ein solches Nein deutlich aus. Und wenn möglich, holen Sie sich Unterstützung und Zustimmung bei anderen.

Erste Gegenmaßnahme: Fordern Sie Zeit

Beispiel:

> Die Tür geht auf, Herr P. steckt den Kopf hinein und sagt zu dem Kollegen H.: „Kannst Du mal schnell die Firma Z. anrufen und die Bestellung stornieren? Ich muss dringend zum Chef." Herr H. sagt Ja, denn er erkennt sofort die Bedeutung und Dringlichkeit: Es geht um einen wichtigen Kunden und um ein großes Volumen. Aber als sein Kollege schon aus der Tür ist, fällt ihm ein, dass er

> viel mehr Informationen und Vorbereitung bräuchte, um das Telefonat führen zu können.
>
> Kollege P. ist selbstverständlich davon ausgegangen, dass sein Kollege ihm den Gefallen tut – das macht dieser auch gern. Er hätte aber noch einen Moment zum Austauschen gebraucht – der Augenblick, den Herr P. ihm ließ, reichte gerade nur zur Zustimmung.

In manchen Situationen ist es angemessener, sich den Raum zu nehmen, um Ja oder Nein sagen zu können. Möglicherweise wäre Herrn H. die Aufgabe wirklich leicht gefallen, wenn er zuvor gesagt hätte: „Ja, aber ich benötige dafür noch einige Infos." Er hätte auch sagen können: „Tut mir leid, nein, für einen solchen Anruf fehlt mir die nötige Vorbereitung."

Menschen, denen ein Nein schwer fällt, treten gelegentlich in eine Falle: Sie sehen den Bedarf des anderen. Und stimmen zu. Nun ist Zustimmung nicht immer verkehrt – wir arbeiten zusammen und sind abhängig davon, dass die Grenzen flexibel gehandhabt werden. Gehören Sie aber zu den sympathischen Zustimmern, dann gewöhnen Sie sich doch Folgendes an: Überlegen Sie vor Ihrem Ja, ob Sie alle Infos haben, um den Job übernehmen zu können. Worum geht es? Schaffen Sie das? Wollen Sie das? Haben Sie was davon? Sagen Sie erst dann Ja. Oder Nein.

> Wie geht es nun weiter? Angenommen, Sie können ab morgen Nein sagen und sich abgrenzen. Konstruktiv wird es erst, wenn Sie die Situation dann auch weiter führen können. Dazu sollten Sie eine Idee haben oder entwickeln, was auf Ihr Nein folgen könnte. In der folgenden Tabelle erfahren Sie einige Themen und ihre Entwicklungsschritte.

Der nächste Schritt nach dem Nein

Das Nein	Ideen für einen positiven gemeinsamen nächsten Schritt
Das Nein zu einem Ziel (z.B. einem Projektziel)	Finden Sie eine Strategie für das weitere Vorgehen, die für alle Beteiligten stimmt. Muss ein neues Ziel definiert werden? Oder muss der Weg dorthin neu bestimmt werden?
Das Nein bei einer Bewertung (z.B. Feedback-Gespräch)	Besprechen Sie die Kriterien für die Bewertung. Kommen Sie keinesfalls zum Stillstand oder in einen blockierten, trotzigen Zustand.
Das Nein zu einer Verteilung (z.B. Aufgaben)	Analysieren Sie, sofern möglich, mit allen, die es angeht: Geht es wirklich um die Verteilung, geht es um Status oder etwas anderes?
Das höchstpersönliche Nein	Hier geht es oft um eine persönliche Einstellung, eine Haltung, eine eigene Position zu einem Thema. Hier hilft keine Diskussion, sondern nur Verständnis füreinander.
Das Nein zu einer Rolle (z.B. bei einem Auftrag)	Klären Sie den Auftrag. Verhandeln Sie die fragliche Rolle. Berücksichtigen Sie die evtl. problematischen Schnittstellen zu anderen Rollen.
...	...

Mögen Sie Märchen?

Gehören Sie zu denen, die den Eindruck haben, immer in die gleiche Falle zu tappen? Dann erzähle ich Ihnen ein Märchen.

Es war einmal ein Mann, der lief eine Straße entlang, fiel in eine Grube, rieb sich die Augen und machte sich daran, wieder herauszukommen. Er schaffte es nicht allein, aber jemand half ihm, und so stand er wieder auf der Straße und ging weiter.

Am nächsten Tag war er wieder unterwegs, und als ihn eine seltsame Ahnung beschlich, war er schon in die gleiche Grube gestürzt. Er machte sich Vorwürfe, dass er zu spät kommen würde. Und zerknirscht rief er einen Passanten um Hilfe und gelangte mit dessen Unterstützung auf die Straße.

Eines Tages lief er eine Straße entlang. Sein Bauchgefühl sagte ihm: Achtung. Schwupps, wieder fand er sich in der bekannten Grube. Verzweifelt wie er war, wusste er keinen Rat. Nach einer Weile erinnerte er sich an den Weg aus der Grube heraus und fand ihn auch.

Und freilich ging er wieder die Straße, etwas stocksteif, weil er nach seiner immer gleichen Falle Ausschau hielt. Da war die Grube. Er versuchte, mit starrem Blick in die Tiefe an ihrem Rand vorbeizugehen ... und fand sich nach einer Schrecksekunde doch wieder auf ihrem Boden. Der Weg hinaus gelang leicht.

Tags drauf kam er an eine Kreuzung, wollte den gewohnten Weg einschlagen, überlegte kurz ... und ging einen anderen.

Keine falschen Kompromisse

Wie geraten wir eigentlich in Situationen, in denen wir uns immer wieder denselben Vorwurf machen: Hätte ich mich doch nur erinnert, nicht schon wieder!

Durchsetzungsvermögen gehört dazu, wenn wir „unseren Weg machen" wollen. In manchen Situationen wird ein Durchsetzen und Abgrenzen aber als konflikthaft wahrgenommen – als Mini-Konflikt. Das mag der Grund dafür sein, dass manche Menschen diesen Weg meiden. Fakt ist, dass Menschen unterschiedliche Wege verfolgen, wie sie ihre Interessen vertreten. Wie würden Sie sich da beschreiben? Wo sehen Sie sich? Können Sie Ihr Verhalten bestimmten Situationen zuordnen? Oder hat Ihr Vorgehen mit der Haltung Ihres Gegenübers zu tun? Und wenn ja, mit welcher?

Konfliktstile erkennen – und nutzen

Das Mini-Konflikt-Thema können wir hier nur streifen. Dennoch: Es gibt verschiedene Stile, sich bei einem Konflikt zu verhalten – und entsprechend: Nein zu sagen.

- **Konkurrieren:** Hier steht der eigene Gewinn im Vordergrund. In der Grafik unten können Sie ablesen: Eigene Interessen sind groß geschrieben, die der anderen von geringer Bedeutung. Wappnen Sie sich, wenn Sie jemandem mit diesem Stil begegnen – hier ist keine Kooperation möglich, wohl aber hartes Verhandeln. Werten Sie diesen Stil aber bitte nicht ab: Bei manchen Themen muss man sich einfach durchsetzen. Hier steht das harte Nein.

- **Vermeiden**: Hier geht es um Konfliktvermeidung. Sie kann sinnvoll sein, wenn zum Beispiel ein deutliches Machtverhältnis besteht und Sie den Kürzeren ziehen würden. Sollten Sie sich indes regelmäßig bei diesem Stil ertappen, gehen Sie in sich: Mit solchem Verhalten kommen Sie nicht weiter. Hier könnte man vermuten, dass Sie Nein zu Ihren eigenen Interessen sagen. Tipp: Üben Sie auch andere Stile!
- **Anpassen**: Im Arbeitsleben ist es sinnvoll und notwendig, sich einem übergeordneten Ziel anzupassen. Erfreulich ist es, wenn Sie an diesem übergeordneten Ziel selbst mitgearbeitet haben. Aber behalten Sie dabei Ihr eigenes Wohlergehen, Ihren eigenen Erfolg im Auge: Gehören Sie zu den Menschen, denen regelmäßig die gemeinsamen wichtiger als die eigenen Interessen sind? Auf Dauer kann das nicht gut gehen. Setzen Sie sich auch für Ihre eigenen Interessen ein – riskieren Sie auch mal das Nein den anderen gegenüber.
- **Kompromisse finden**: Ein Kompromiss kann eine effiziente Lösung sein. Aber Achtung: Häufig kommt man zu Kompromissen, die faul sind. Zwei Parteien sehen ein bisschen von ihren Interessen ab, setzen sich aber durch die Hintertür jeweils doch nur für die eigenen Interessen ein oder investieren nichts weiter in das Kompromiss-Projekt – denn: Sie sind frustriert von der unzureichenden Lösung und sollten eigentlich nachverhandeln. Wenn man nicht aufpasst, steht hier das Jein – nicht ein Ja und auch kein Nein. Achten Sie darauf, Ihren Kompromiss auf „Echtheit" zu überprüfen.

Konflikttypen: verschiedene Stile, die eigenen Interessen zu vertreten

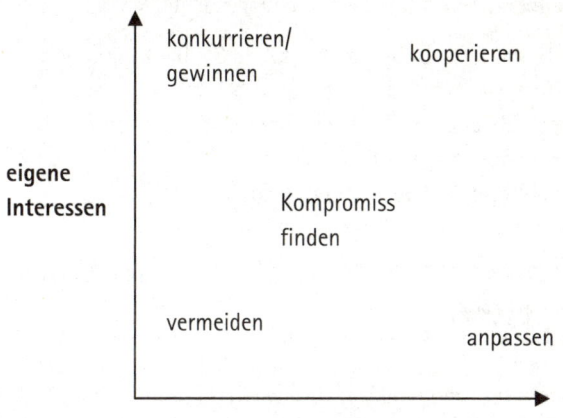

- **Kooperieren**: Alle arbeiten gleichberechtigt und mit einem gemeinsamen Ziel zusammen. Aber Hand aufs Herz: Wie oft erreichen Sie diesen Königsweg? Oft meinen wir, wir kooperieren, und den anderen bezichtigen wir des Dazwischenfunkens. Echte Kooperation kann man anstreben. Seien Sie sich aber bewusst, dass Sie sie selten wirklich erreichen. Wollte man hier ein „Nein" ausfindig machen, so wäre es eines zum Abgrenzen von Störungen: „Hier Kooperation. Störungen draußenbleiben."

Und? Haben Sie sich in den Konflikttypen wiedergefunden? Häufig sind ein, zwei Stile typisch für uns. Allerdings kann es unseren Horizont erweitern, wenn wir die anderen Stile erkennen und sie uns auch nutzbar machen.

Die Moral von der Geschicht': Wenn Sie bisher immer gutmütig Ja gesagt haben, sagen Sie ab jetzt Nein zu dem, was Ihnen schadet, und wonach Ihnen nicht zumute ist. Denken Sie mehr an das, was Ihnen gut tut, was Sie brauchen und was Sie und Ihre Aufgaben vorwärts bringt.

Wenn es nach einem Nein so weitergeht wie bisher

Sie haben sich zu einem Nein durchgerungen. Sie haben sich vorbereitet und wieder und wieder intensiv überlegt. Die prekäre Situation ist schließlich gekommen. Sie sagen Nein. Und dann?

Beispiel:

Frau B. hatte ihren Chef um ein Gespräch darüber gebeten, dass er ihre schriftlichen Anfragen nicht mehr so lange liegen lassen möge, weil sie das in ihrer Arbeit blockiere. Sie bereite alles so vor, dass er nach kurzem Blättern sein „Okay" notieren könne. Dazu käme es aber oft nicht. Sie müsse sich aufschreiben, was sie ihm reingereicht habe. Sie stehe oftmals vor Kunden und Kollegen dumm da, weil ihr Unterlagen fehlten. Sie wolle das nicht mehr. Und sie wünsche entweder ein anderes Vorgehen oder ein schnelles Okay – wie besprochen

Der Chef hat auf ihre Aussprache sehr verständnisvoll reagiert. Er bedankte sich sogar für ihr Feedback. „Das ist gut, dass Sie sich melden", hat er gesagt. Er würde das berücksichtigen. Geändert hat sich seither nichts.

Und jetzt? Zugegeben, es ist schwierig, in einer solchen Situation dranzubleiben, aber es ist notwendig. Zunächst sollte man prüfen, ob das Abgrenzen, das „So nicht" angemessen war oder man dabei ist, auf Granit zu beißen. Wenn Sie anschließend der Überzeugung sind, auf dem richtigen Kurs zu sein, sollten Sie dabei bleiben. Legen Sie nach. In der Checkliste „Klärungsgespräche führen" finden Sie die wichtigsten Dos and Don'ts.

Erste-Hilfe-Karten

Gute Vorbereitung ist „die halbe Miete". Mit ihr kommen Sie auf den Punkt: Worauf kommt es Ihnen an? Wichtig ist auch, sich auf mögliche Störungen und Gegenargumente vorzubereiten. Gerade bei immer wiederkehrenden Situationen kann es hilfreich sein, Erste-Hilfe-Karten zu schreiben.

Diese Karten sind wie ein Verbandskasten für den verbalen Notfall. Auf ihnen können Sie sich Sätze vorformulieren, die Sie aus dem Schlamassel ziehen, wenn Sie in der Situation nicht weiterwissen und Ihnen nichts mehr einfällt. Zum Beispiel: „Ich verstehe, dass Sie gerade im Stress sind. Aber für mich ist es sehr wichtig, dass wir das jetzt besprechen."

> Erste-Hilfe-Karten können Sie immer wieder zur Hand nehmen und sich Ihre Formulierungen ins Gedächtnis rufen, damit Sie nicht mehr automatisch reagieren, sondern vorbereitet sind – sie helfen Ihnen vor allem bei wiederkehrenden Situationen.

Hier ein Klärungsgespräch mit einem Vorgesetzten – Sie können es aber ebenso umformulieren und anpassen für

Gespräche mit Kollegen, Partnern, Vermietern, Verkäufern, Kunden ...

Checkliste: Klärungsgespräche führen

- Gehen Sie auf den Chef zu und bitten Sie um einen Termin für ein Gespräch. Teilen Sie ihm den Anlass mit. Vermeiden Sie eine Zwischen-Tür-und-Angel-Situation. Auch, wenn das Gespräch erst Morgen stattfindet, nennen Sie den Grund oder das Thema.

- Teilen Sie Ihr Ziel des Gesprächs mit: Sie möchten Ihr Anliegen vortragen können und eine gemeinsame Lösung mit Ihrem Chef finden.

- Übernehmen Sie Ihren Teil der Verantwortung für den Gesprächsverlauf.

- Teilen Sie Ihre Beobachtungen und Ihre Gefühle mit. Fragen Sie nach, ob Ihr Anliegen deutlich wurde.

- Versuchen Sie, gemeinsam die Ursachen herauszufinden. Gibt es offene Fragen? Welche Kosten, Schäden, Auswirkungen gibt es?

- Fassen Sie die Ergebnisse zusammen. Berücksichtigen Sie dabei unterschiedliche Meinungen.

- Bis wann genau soll die Lösung umgesetzt werden?

- Achtung: Drohen Sie nur dann mit Konsequenzen, wenn Sie auch bereit sind, sie zu ziehen.

Andere sind auch nur Menschen

Sehen Sie andere Menschen ebenso positiv, wie Sie selbst wahrgenommen werden möchten: mit guten Absichten. Jeder verdient seine zweite Chance.

Gehen Sie in sich, und entwickeln Sie „Arbeitshypothesen" (lesen Sie die folgende Checkliste: Selbst-Coaching). Wie könnte man mit der Situation noch umgehen? Welche Alternativen gibt es?

Beispiel:

Frau B. hätte ihre Botschaft auf den Wunsch reduziert: „So nicht, bitte anders." Dann hätte ihr Chef sich vielleicht entschuldigt, seine Arbeitsbelastung als Grund genannt und sie von der Vorgabe freigesprochen, ihm alles noch einmal vorzulegen.

Sie können sich gut auf solche Gespräche vorbereiten und damit zu ihrem Gelingen beitragen. Entlasten Sie sich aber auch selbst, indem Sie sich mit anderen beraten – in Ihrer Firma oder außerhalb. In einer Beratung oder bei einem Coaching haben Sie die Möglichkeit, eine belastende, stressige Situation zu besprechen – Sie erhalten dann von einem Außenstehenden Feedback und Unterstützung. Nutzen Sie für kleine Fragen auch die Methode des Selbst-Coachings.

Helfen Sie sich selbst: Selbst-Coaching

Wo finden Sie Unterstützung? Wo holen Sie sich Hilfe, wenn Sie bei Ihren zahlreichen Aufgaben mal ins Stocken geraten?

Wenn der Termin geplatzt ist, den Sie dringend brauchen, um Ihr Ziel zu erreichen? Wenn mit dem Dienstleister gar nichts klappen will – keine Verständigung, keine Klärung? Wenn die neue Assistentin frohgemut ans Werk geht, aber leider nicht wirklich so, wie Sie es brauchen? Was machen Sie in Zeiten, in denen Sie unkonzentriert sind, der Druck wächst, daheim der Haussegen schief hängt und Ihre Gesundheit nicht ganz mitmacht? Wenn Sie sich insgeheim in Ihr Auto auf dem Geschäftsparkplatz wünschen, um sofort in Urlaub zu fahren?

Manchem hilft es, ins Büro der Kollegin zu gehen und sich auszusprechen. Oder er blättert in Managementbüchern, von denen man eine Reihe neben dem Schreibtisch stehen hat, und sucht dort nach hilfreichen Ideen. Mancher vertagt seine Klärung, bis er seine Partnerin oder seinen besten Freund trifft. Schon die Vorbereitung auf ein solches Gespräch wirkt. Vielleicht hilft auch ein starker Espresso? Man kann sich aber auch selbst coachen: Indem man sich Notizen macht, so als wäre das Blatt Papier der Gesprächspartner. Das klärt.

> Sagen Sie Ja zu sich selbst. Besinnen Sie sich auf Ihre eigenen Kompetenzen, mit denen Sie auch sonst Ihre Funktionen bravourös meistern, und nutzen Sie sie für sich selbst. Seien Sie Experte in eigener Sache.

Das Selbst-Coaching ist eine Methode, den Blick ohne Unterstützung von außen auf eine Situation zu werfen. Machen Sie sich selbst zum Experten Ihrer Stressmomente. Kultivieren Sie die Kunst des Selbstgesprächs bei Stress und Abgrenzungsproblemen – hier einige Vorschläge:

Checkliste: Selbst-Coaching

- Wie ist die Situation faktisch?
    - Wie kann ich mit wenigen Worten mein Abgrenzungsproblem benennen?
    - Was ist meiner Einschätzung nach das Problem der beteiligten Person?
    - Erfordert die Situation sofort eine Entscheidung? Oder kann das warten?

  Notieren Sie hier:

- Wie bewerte ich die Situation?
    - Wie wichtig ist das? Was hat Priorität?
    - Was braucht meiner Einschätzung nach die/der andere?
    - Was ist jetzt gerade meine Aufgabe?
    - Wo fehlen mir noch Informationen?
    - Was sollte ich noch klären?
    - Bin ich zuständig?
    - Bei welchem Aspekt darf ich völlig abschalten?

  Notieren Sie hier:

- Wie empfinde ich die Situation?
    - Ist diese Situation wirklich ungünstig für mich?
    - Was brauche ich jetzt?
    - Was/wer würde mich unterstützen?

- An welcher Stelle genau muss ich mich abgrenzen?
- Wie geht es mir eigentlich?

Notieren Sie hier:

- Gibt es eine andere Perspektive?
  - Was steckt noch dahinter?
  - Wie würde ich morgen/in fünf Jahren darüber denken?
  - Welchen Rat würde ich einem Freund geben, wäre er in der gleichen Situation?
  - Was würde der Geschäftsführer mir raten, wäre er heimlich mein Mentor?
  - Wie würde eine andere Person das sehen? Kreativ: Was würde John Wayne, der Papst, Loriot denken?

Notieren Sie hier:

- Was habe ich davon?
  - Was bringt mir das?
  - Kann ich aus der Situation etwas lernen?
  - Ist das neu für mich?
  - Kann ich daraus etwas Positives machen?

Notieren Sie hier:

So meistern Sie unfaire Situationen

Manche Menschen haben nicht nur einen anderen Stil in stressigen Situationen als wir (siehe Grafik Konflikttypen im Abschnitt „Keine falschen Kompromisse"), sondern sie meinen es vorsätzlich nicht gut mit uns.

Es gibt Menschen, die unter der Last ihrer Aufgaben nur deshalb nicht zusammenbrechen, weil sie Strategien, Spielchen entwickelt haben, andere Menschen zum Laufen zu bringen.

An späterer Stelle (Kapitel „Würdigen Sie den anderen") werde ich Sie daran erinnern, sich nicht nur auf Ihre eigenen Grenzen, sondern auch auf die der anderen zu besinnen. Das ist oftmals wichtig, um im Team arbeiten zu können und um an einem gemeinsamen Ziel oder einer Vision festzuhalten.

Beim Thema „fehlende Fairness" ist das anders: Wenn Sie auf Spielertypen treffen, halten Sie sich bitte nicht damit auf, über die Gründe für deren Verhalten zu spekulieren. Die Frage „Warum tun die das?" bringt hier nicht weiter.

Die Frage ist sogar kontraproduktiv, weil Sie sich mit einem Warum für den anderen öffnen – und es geht doch gerade um das Gegenteil: um Abgrenzung vom Verhalten dieser Menschen. Der Weg dahin:

- Erkennen Sie unfaires Verhalten.
- Schützen Sie sich. Das klappt, indem Sie zum Beispiel den anderen wie hinter einer Glasscheibe sehen oder indem Sie Ihren Körper straffen und die Arme verschränken. Legitim ist alles, was Sie spontan unterstützt. Denken Sie sich: „Das geht mich nichts an."

- Legen Sie sich ein Repertoire an eigenen Strategien zurecht: Entlarven, aus dem Weg gehen, schlagfertig umschiffen ...
- Sollten Sie Ihr Nein doch zurückgenommen haben, sehen Sie das nicht als Niederlage, sondern als Chance: Analysieren Sie die Situation – vielleicht mit Unterstützung einer hilfreichen Person – und machen Sie es beim nächsten Mal anders.

> Manche Spielchen werten wir als harmlos. Sind sie das wirklich? „Nein, der kann mir jetzt gestohlen bleiben." „Na, der werd ich's zeigen ..." Verzichten Sie darauf, selbst unfaire Spielchen zu spielen. Machen Sie es sich zur Gewohnheit, „saubere" Grenzen zu ziehen.

In der folgenden Checkliste lesen Sie von einigen üblichen Spielchen – und von Ideen, konstruktiv mit ihnen umzugehen. Das ist allerdings leichter zu lesen, als im Alltag umzusetzen.

Möglicherweise hilft es Ihnen, wenn Sie ein Rhetorik- oder Konfliktseminar besuchen, in dem mit Videoaufnahmen gearbeitet wird. Das mag zwar im ersten Moment aufregend und vielleicht sogar etwas peinlich sein – aber es ist in jedem Fall eine hervorragende Gelegenheit, uns in Aktion zu erleben und wohlmeinendes Feedback zu erhalten. Probieren Sie es aus.

Checkliste: Beim Nein bleiben in unfairen Spielchen

Bei „Spielertypen" lohnt es sich, beim Nein zu bleiben -ohne weiter nach Gründen zu suchen. Bleiben Sie bei Ihrer Sache, und würdigen Sie den Menschen. Denn: Nicht immer ist solches Verhalten böse Absicht.

- **Das Spielchen**: Sie verhandeln mit dem Architekten und seinem Assistenten wegen des Umbaus Ihrer Büros – Sie sagen Nein zu den plötzlich explodierenden Kosten. Der Architekt „spielt" den Aggressiven (will sein teures neues Konzept durchsetzen), der Assistent spielt den Guten (versteht Sie, macht gute Stimmung). Sie beginnen zu schwanken, weil der „Gute" so nett ist. **Stopp:** Bleiben Sie beim Nein. Besinnen Sie sich auf Ihre Interessen und auf Ihre Grenzen.

- Sie haben das Angebot eines wichtigen Kunden abgelehnt. **Das Spielchen**: Man droht Ihnen mit einer Frist: Sollten Sie bis morgen nicht doch zugestimmt haben, dann wird man die Zusammenarbeit mit Ihrer Firma grundsätzlich überdenken. **Stopp:** Wenn Ihnen jemand droht, dann gehen Sie der Konfrontation möglichst aus dem Weg. Bleiben Sie bei Ihrer abgegrenzten Haltung, äußern Sie sich aber diplomatisch. Wechseln Sie vielleicht das Spielfeld, indem Sie um die Zusendung weiterer Informationen bitten und ein nächstes Gespräch in Aussicht stellen. Sagen Sie, Sie möchten sich zunächst mit Ihrem Vorgesetzten besprechen oder Ähnliches.

- **Das Spielchen**: Sie haben sich in einer Verhandlung mit Ihrem Chef abgegrenzt, und er verlässt wütend den Raum. **Stopp:** Reagieren Sie nicht. Bleiben Sie einfach bei Ihrer Sache. Dem anderen wird sein eigenes Verhalten unangenehm sein. Machen Sie ihm deutlich, dass Sie zwischen Person und Sache unterscheiden. Zu der Sache haben Sie eine Einstellung, die man diskutieren kann, mit seinem Verhalten sind Sie nicht einverstanden.

- **Das Spielchen**: Ihr Vermieter baut nach Ihrem begründeten Nein zur Mieterhöhung Ihrer Büroräume Druck auf, indem er mit Kündigung und mit dem Rechtsanwalt droht. **Stopp:** Trennen Sie die Themen. Macht ist ein Thema, Ihr Nein in der Sache ein anderes. Versuchen Sie, das zu kommunizieren.

- Sie haben sich mit jemandem besprochen, und für Sie ist klar: Das kommt nicht in Frage. Den Gefallen tun Sie ihm nicht. Ihr Schreibtisch ist zu voll. **Das Spielchen**: Er akzeptiert, legt aber ein paar Stunden später mit einer neuen Bitte nach. **Stopp:** Gehen Sie nicht auf die veränderte Bitte ein. Für Sie ist die Sache unverändert.

Welche Spielchen kennen Sie? Welche Stopp-Signale sind für Sie hilfreich? Notieren Sie hier:

Welcher Neinsager-Typ sind Sie?

In bestimmten Situationen meinen wir: Wir konnten gar nicht anders handeln – und haben uns deshalb nicht abgegrenzt, haben wieder einmal nicht deutlich genug Nein gesagt. Oft hat das nichts mit den äußeren Gegebenheiten zu tun, sondern mit inneren Prägungen und Verhaltensmustern.

In diesem Kapitel lesen Sie,

- woher Ihre innere Stimme kommt und wie Sie sie zum Schweigen bringen können,
- wie Ihr Selbstbild entsteht und wo Sie Einfluss darauf nehmen können und
- wie Sie je nach Ihrem Neinsager-Typ Nein sagen lernen.

Typensache: Stolpersteine und Chancen

Was hindert uns persönlich, Nein zu sagen? Warum macht uns das versäumte Nein das Leben schwer? Warum hilft es uns nicht, bei einer Aufgabe darauf zu bestehen, „keine Lust" zu haben? Und wie passiert es, dass wir mit einem Nein gelegentlich nicht nur andere, sondern auch uns selbst blockieren?

Lassen Sie uns in diesem Kapitel einen Blickwechsel vornehmen. Man sagt: Der Kopf ist rund, damit man beim Denken die Richtung ändern kann. Werfen wir also einen Blick auf uns selbst.

Dieser Perspektivwechsel löst leicht (und verständlicherweise) eine Abwehr aus. Wieso ich? Ich tue doch schon alles, was ich kann. Mein Kollege, meine Chefin, meine Nachbarin, der Verkäufer, das sind doch Menschen, die mir ein Ja abjagen, obwohl ich eigentlich Nein sagen sollte oder wollte.

Identifizieren Sie Ihre Antreiber

Wir alle kennen Situationen, in denen wir uns nicht in Ordnung fühlen. Die Transaktionsanalyse (psychologische Methode, die unter anderem in Seminaren angewendet wird; siehe zum Beispiel Schlegel, 1993) macht verständlich, dass wir in solchen Situationen häufig von einem Verhalten „angetrieben" werden, das typisch für uns ist.

Bei dieser Methode bewertet man die sogenannten Antreiber als ursprünglich elterliche Botschaften. Besonders unter Stress kommen sie zum Tragen und wir glauben, dass wir nur dann in Ordnung sind, wenn wir uns in einer bestimmten Weise verhalten. Das basiert dann zum Beispiel auf dem, was Eltern gewünscht haben, oder es ist ein kindlicher Entschluss aufgrund von konkreten Erlebnissen. Zum Beispiel kann eine Mutter psychisch krank sein, und ihre Labilität kann das Kind so verunsichern, dass es sich entschließt, immer stark zu sein. Ein Antreiber ist eine Überlebensstrategie, die sich nicht einfach abstellen lässt.

> Diese Antreiber haben wir erlernt – sie sind uns vertraut, wir haben uns an sie gewöhnt. Seltsamerweise sind sie uns deshalb lieb. Einige typische Stress-Botschaften sind: Sei lieb, sei schnell, sei perfekt, sei stark usw., damit du okay bist.

Die fünf Neinsager-Typen

Im Folgenden ziehen fünf dieser typischen Neinsager-Typen an Ihnen vorbei: die Vermeider, die Selbstverneiner, die Kämpfer, die Drängler, die Jein-Sager. Finden Sie heraus, welchem typischen Verhalten Sie folgen und wie Sie sich dagegen wappnen können (siehe auch zum Beispiel Kreyenberg, 2005). Dabei wird Ihnen einiges bekannt vorkommen. Fragen Sie sich dann: Welche Gebote und Verbote habe ich im Ohr? Wessen Stimme höre ich dabei?

Sie erfahren, welches Ihre Stärken sind, die Sie sich unbeschwert zugute halten können. Diese Stärken können Sie nutzen, um weiterzukommen und positiv Ihre Ziele zu erreichen. Hier liegen Ihre besten Strategien versteckt!

Wie Sie sich selbst und wie andere Sie sehen

Ein typisches Verhalten hat einen Haken: Nicht nur Sie spüren die Auswirkungen von „alten" Mustern (siehe folgende Grafik: Bereich 1). Andere nehmen etwas an Ihnen wahr, das Sie so gar nicht unter Kontrolle haben und das sich Ihrem Einfluss entzieht (Grafik: Bereich 3).

Der Blick der anderen auf Sie hat Konsequenzen (Grafik: Bereich 3): Es kann zum Beispiel sein, dass Sie so offensichtlich ein Perfektionist sind, dass andere sich auf diese Gabe verlassen. Selbst wenn Sie sich abgrenzen, senden Sie noch Botschaften aus, die Ihre Kollegin wahrnimmt: „Der sagt zwar Nein, aber man weiß doch, dass er es am Ende schon meistern wird."

Nun erzähle ich Ihnen das nicht, um Sie zu frustrieren. Meine Absicht ist es, Ihnen ein Bild zu zeichnen: Es lohnt, sich selbst zu kennen. Durch Selbstbetrachtung erreichen wir das (Grafik: Bereich 2 und evtl. Bereich 4) und bekommen eine Ahnung davon, wie andere uns sehen.

Wir alle haben, wenn Sie so wollen, einen Anteil in uns, der unser kindliches Ich abbildet. Es ist überzeugt von den Geboten und Verboten seiner Eltern. Dieses Bild soll hier aber nicht wissenschaftlich abgeklopft werden. Es soll lediglich verständlich machen, warum wir an bestimmten Sätzen so beharrlich festhalten.

Hier steckt Potenzial für ein positives Abgrenzen und ein effektives Nein.

> Kommen Sie sich auf die Spur. Identifizieren Sie Ihre Antreiber und lernen Sie Ihre Schwächen und Stärken kennen. Welchem Neinsager-Typ entsprechen Sie am ehesten?

Wie ich mich sehe, und wie mich andere sehen (das „Johari-Fenster"*)

	Von hier sehen mich andere: ↓	
	1 Dies ist mir selbst und anderen über mich sichtbar und bekannt.	**3** Dies ist ein Teil meiner Person, der nur für andere sichtbar ist.
Von hier sehe ich mich selbst: →	**2** Dies „gehört mir" und ist nur mir selbst bekannt.	**4** Dies ist der Teil meiner Person, der weder mir und noch anderen einsehbar ist.

Teil 3 wird für mich sichtbar, wenn ich mit anderen spreche und wenn andere mir Feedback geben. (**Teil 4** wird meist erst durch therapeutische Arbeit einsehbar.)

---

* Dieses Modell wurde von **Jo**seph Luft und **Har**ry Ingham entwickelt – deshalb der Name: Johari-Fenster (siehe zum Beispiel Luft, 1993).

Die Vermeider: „Sei lieb"

Im vorigen Kapitel (Abschnitt „Keine falschen Kompromisse") war schon von den Vermeidern beim Thema Mini-Konflikt die Rede. Dass sie nicht Nein sagen können, ist sehr naheliegend.

Vermeiderinnen und Vermeider haben Lust am Zusammenwirken. Sie mögen Nähe und Geborgenheit. Im Team sind sie die gute Seele. Harmonie ist ihnen so wichtig, dass sie eigene Interessen schon mal zurückstellen.

Als Vermeider hat man gelernt, sich in Beziehungen auf seine Intuition zu verlassen. Man fördert Harmonie und schafft Verbindendes. Das ist eine schöne Gabe.

Bei Stress aber grenzt man sich nicht ausreichend ab, vertritt keine eigene Meinung und kann kaum Nein sagen. Auch wenn es das Ergebnis nicht verbessert, arbeitet man lieber im Team als allein. Man verzettelt sich in „Atmosphärischem" und in vielen Kontakten, und man meidet Auseinandersetzungen, die die Harmonie stören. Für einen Vermeider ist Hingabe an ein Projekt wichtig, selbst wenn das im Moment nicht zielführend ist.

So lernen Sie als Vermeider Neinsagen

- Machen Sie aus Ihrem inneren „Sei lieb" eine Erlaubnis: Wertschätzen Sie sich ab sofort vor allem selbst!
- Fragen Sie andere konkret nach ihrer Einschätzung oder Meinung, statt zwischen den Zeilen zu lesen.

- Fragen Sie andere, wie sie Sie wahrnehmen: als Person, in Ihrer Funktion, bei verschiedenen Aufgaben. Wie erleben sie Ihre Fähigkeit, selbstbewusst Grenzen zu setzen?
- Seien Sie gut zu sich.
- Bitten Sie andere um einen Gefallen. Wenn sie zustimmen, achten Sie darauf, dass sie es auch einlösen.
- Bringen Sie zum Ausdruck, wenn Sie mit etwas nicht einverstanden sind. Sagen Sie konkret, was Sie sich stattdessen wünschen.
- Sagen Sie Nein, wenn Sie das meinen. Verzichten Sie dabei auf jegliche Rechtfertigung. Setzen Sie freundlich Grenzen. Dabei reicht oftmals eine klare innere Haltung.

Ihr Nutzen als Vermeider beim Neinsagen

In welche Fallen tappen Sie? Auf welche Spielchen fallen Sie herein? Was kostet Sie das? Und wenn Sie ein Nein wagen, was gewinnen Sie dadurch?

Ihr Nein wird Ihnen neue Erfahrungen bringen: Sie kommen bei Aufgaben, Projekten und Anliegen weiter, die Ihnen am Herzen liegen – Sie erledigen nicht mehr Sonderschichten, die andere Ihnen ohne Ihre volle Zustimmung aufgedrückt haben. Ihre Gabe, sich gut einzufühlen, ist fast ein Garant dafür, dass Sie sich **positiv** abgrenzen. Nutzen Sie diese Stärke – Sie gehört Ihnen ja schon. Üben Sie sich im Formulieren von dem, was Sie wirklich meinen. Genießen Sie es, dass Sie bei Projekten und Absprachen eine gewisse Treue empfinden – das ist eine Gabe und nichts, was andere einfordern dürfen.

Freuen Sie sich an dem Herzblut und Engagement, die Sie in Projekte einfließen lassen. Darum kann man Sie echt beneiden.

Die Selbstverneiner: „Sei perfekt"

Auch die Selbstverneiner haben wir im Konflikt-Abschnitt kennengelernt – die Anpassung ist typisch für sie. Sie stellen sich zugunsten einer Sache, einer Leitlinie, eines (eigenen) Anspruchs zurück und beeindrucken uns zuzeiten sehr.

Selbstverneinerinnen und Selbstverneiner starten durch. Kaum haben sie eine Sache erfasst, überlegen sie, wie sie das am besten hinkriegen. Wunderbar für die anderen, einen Perfektionisten im Team zu haben – im Zweifel biegt er alles gerade.

Als Selbstverneiner hat man gelernt, optimal zu arbeiten. Man organisiert sinnvoll und plant für andere mit. Man mag eine gewisse Ordnung und hat einen Sinn für Struktur. Das ist eine schöne Gabe.

Bei Stress aber fällt es einem schwer, Prioritäten zu setzen und Konzepte zu Ende zu bringen. Inhalte und Gefühle, die nicht hundertprozentig ins Bild passen, werden als störend und als böse Kritik bewertet. Man lässt sich durch überraschendes Verhalten oder durch plötzliche Veränderungen sehr irritieren. Man hat Schwierigkeiten, Aufträge und Konflikte zu bearbeiten, die nicht dem eigenen Empfinden oder den eigenen Bewertungen entsprechen.

So lernen Sie als Selbstverneiner Neinsagen

- Machen Sie aus Ihrem inneren Dogma „Sei perfekt" eine Erlaubnis: Seien Sie ab sofort davon überzeugt, dass Sie gut genug sind, genau so, wie Sie sind!

- Fragen Sie andere, wie sie Sie wahrnehmen: als Person, in Ihrer Funktion, bei verschiedenen Aufgaben. Wie erleben sie Ihre Fähigkeit, angemessen zu einem Ende zu kommen?

- Lernen Sie eine Entspannungstechnik, die Sie sich nach getaner Arbeit gönnen. Mit regelmäßiger Entspannung erkennen Sie schneller, wann Sie in Ihre Abgrenzungsproblematik geraten.

- Machen Sie sich regelmäßig bewusst, dass ein Plan perfekt sein kann, dass seine Ausführung es aber nie sein wird. Sagen Sie Nein zu einem überzogenen eigenen Anspruch.

- Erlauben Sie sich Fehler, und lernen Sie aus ihnen. Die für andere wahrnehmbare Fehlerschwelle ist mit großer Wahrscheinlichkeit deutlich tiefer, als Sie sie für sich ansetzen. Sparen Sie Energie.

- Lernen Sie, großzügiger zu sich zu sein (und Ja zu sich selbst zu sagen) – dann werden Sie es auch mit anderen sein.

- Setzen Sie realistische Ziele, und klären Sie zeitig den Umfang Ihres Auftrags. Umso leichter können Sie sich bei Zusatzaufgaben abgrenzen, die an Sie herangetragen werden.

Ihr Nutzen als Selbstverneiner beim Neinsagen

In welche Fallen tappen Sie? Auf welche Spielchen fallen Sie herein? Was kostet Sie das? Und wenn Sie sich ein Ja sparen, was gewinnen Sie dann?

Ihr Nein wird Ihnen neue Erfahrungen bringen: Nutzen Sie Ihre Stärken für Ihre eigenen Ziele. Freuen Sie sich an Ihrer Gabe, dass Sie Struktur in Chaos zu bringen vermögen – deshalb hat noch lange nicht jeder das Recht, sein Chaos bei Ihnen abzuliefern. Gönnen Sie sich hin und wieder die Lust an einem disziplinierten Spurt – erlauben Sie aber niemandem, Ihnen so etwas zu delegieren. Organisieren Sie Ihren eigenen Erfolg: Ihren persönlichen wie den Ihrer Projekte. Darum kann man Sie echt beneiden.

Die Kämpfer: „Sei stark"

Der Konfliktstil der Kämpfer ist das Konkurrieren. Ihr einziges Ziel: Gewinnen. Sie fahren so richtig auf, wenn sie einen Gegner haben. Begegnen sie einem schwächeren Gegenüber, ist ihre Haltung: Klasse, dann brauche ich weniger Energie zu investieren, um meine Interessen durchzusetzen.

Kämpferinnen und Kämpfer haben gelernt, dass es allein am besten funktioniert. Sie streben nach Distanz und Autonomie. Im Team sieht man sie gern, weil sie Aufgaben übernehmen und sich erst wieder melden, wenn sie sie erfolgreich abgeschlossen haben.

Als Kämpfer hat man gelernt, den Kopf auch in kritischen Situationen oben zu halten – man genießt die eigene Kraft, ist entscheidungsfreudig und risikobereit. Man ist bekannt für seine Zuverlässigkeit. Das ist eine schöne Gabe.

Bei Stress aber macht man genau so weiter. Obwohl man merkt, dass man nicht mehr kann, verbirgt man das vor anderen. Dass man eigene Grenzen hat – mentale, körperliche, materielle –, vergisst man dann. Man glaubt fest daran, auch jetzt allein irgendwie fertig zu werden. Schon der bloße Gedanke, sich anpassen zu müssen, strengt einen an – man mag keine Einschränkung. Im Zweifel fragt man nicht nach, sondern hat eine eigene Vorstellung darüber, wie alles zu laufen hat. Das ändert man auch nicht grundlegend, wenn Fehler auftreten. Man gesteht sich schwerlich eine Schwäche ein; ebenso wenig billigt man sie einem Kunden und schon gar nicht einem Kollegen oder Chef zu.

So lernen Sie als Kämpfer Neinsagen

- Machen Sie aus Ihrem inneren Lehrsatz „Sei stark" eine Erlaubnis: Seien Sie ab sofort offen, und drücken Sie Ihre Wünsche aus!

- Fragen Sie andere, wie sie Sie wahrnehmen: als Person, in Ihrer Funktion, bei verschiedenen Aufgaben. Wie erleben sie Ihre Grenzen und Ihre Offenheit?

- Fragen Sie andere Menschen, ob sie Ihnen in einer Sache helfen können – beruflich wie privat. Sie werden die Beobachtung machen, dass man das gern für Sie tut.

Machen Sie sich klar: Die erfolgreichsten Menschen sind nicht die, die alles können und wissen, sondern die, die am besten vernetzt sind. Gewinner holen sich Hilfe!

- Planen Sie Puffer ein, und überwachen Sie auf diese Weise Ihre Arbeitsbelastung.
- Planen Sie regelmäßig etwas ein, das Ihnen einfach nur Freude macht.
- Haben Sie Ihren Kampfgeist im Blick: Nehmen Sie ihn am Zügel, wenn Sie dabei sind, andere über den Haufen zu rennen. Und lassen Sie ihm freizügig Auslauf, wenn Sie ein lohnendes Ziel haben.
- Sagen Sie Nein (zu sich und/oder zu anderen), wenn Sie wieder ein schwieriges Projekt übernehmen sollen, Sie aber schon ausgelastet sind.

Ihr Nutzen als Kämpfer beim Neinsagen

In welche Fallen tappen Sie? Auf welche Spielchen fallen Sie rein? Was kostet Sie das? Und wenn Sie sich ein Ja sparen, was gewinnen Sie dann?

Ihr Nein wird Ihnen neue Erfahrungen bringen: Nutzen Sie Ihre Stärke, um sich anderen zu öffnen. Sagen Sie weniger Nein zu Ihren eigenen Wünschen, und würdigen Sie Ihre eigenen Grenzen. Freuen Sie sich daran, dass Sie gut analysieren und tatkräftig anpacken können – planen Sie aber Ihren Einsatz genauer, und tun Sie Dinge nicht nur, um Ihre Kraft zu spüren oder sie anderen zu zeigen. Da Sie sich im Allgemeinen an Zeitpläne halten und Absprachen sowie Aufgaben termingerecht erledigen, sollte Ihrem persönlichen wie beruflichen Ziel der Weg geebnet sein. Darum kann man Sie echt beneiden.

Die Drängler: „Beeil dich"

Diesen Typus finden Sie häufig bei Menschen, die auf die Schnelle Kompromisse schließen – sie lassen sich nicht die Zeit, die Interessen des anderen zu erkunden. Und sie gehen leichtfüßig davon aus, dass der andere schon weiß, welche Interessen man selbst vertritt.

Dränglerinnen und Drängler haben Vorlieben, die ständig wechseln. Wandel und Veränderung erschrecken sie nicht – sie brauchen sie geradezu. Im Team sind sie aktiv, wenn sie im Mittelpunkt stehen können oder Einfluss haben – ist dem nicht so, verlieren sie schnell das Interesse am Detail.

Als Drängler hat man gelernt, die Zeit im Blick zu haben. Man erfasst Inhalte, Strukturen, Charaktere – und all das schnell. Man mag Abwechslung in seinen Aufträgen und Kontakten. Das ist eine schöne Gabe.

Bei Stress verliert man jedoch seinen Schwung und wird ungeduldig mit anderen. Plötzlich hält man sich nicht mehr an Termine. Andere können sich nicht mehr so recht auf einen verlassen, und ob man mit Engagement bei der Sache ist, ist für sie nicht erkennbar und somit auch nicht planbar. Fehler unterlaufen einem, aber man übergeht sie aus Zeitdruck.

So lernen Sie als Drängler Neinsagen

- Machen Sie aus Ihrem inneren „Beeil Dich" eine Erlaubnis: Nehmen Sie sich ab sofort Zeit – für sich, für Ihre Kontakte, für Ihre Projekte.

- Fragen Sie andere, wie sie Sie wahrnehmen: als Person, in Ihrer Funktion, bei verschiedenen Aufgaben. Wie erleben sie Ihre Fähigkeit, verlässlich und genau zu sein?

- Lernen Sie eine Entspannungstechnik, und gönnen Sie sich die Erfahrung, dass die Zeit auch mal stillsteht.

- Prüfen Sie, ob Sie andere wirklich verstanden haben oder ob Sie nach ein paar Stichworten lediglich *glauben*, den Inhalt zu kennen. Sagen Sie Stopp zu Ihrer gelegentlichen Ungeduld.

- Sagen Sie Nein zu sich, wenn Sie sich auf Kosten anderer in den Mittelpunkt drängen. Ist die Gelegenheit indes rundum günstig, dann sonnen Sie sich ungehemmt im Rampenlicht – ganz vorn am Bühnenrand.

- Planen Sie Ihre Aufträge so, dass Sie Zeiten gewinnen, in denen es Ihnen nicht so flott von der Hand gehen muss. Planen Sie uninspirierte Zeiten ein.

- Nehmen Sie sich Zeit für die Auftragsklärung, und sagen Sie Nein zu Aufträgen, die Ihre Flinkheit zu Ihren Ungunsten voraussetzen.

Ihr Nutzen als Drängler beim Neinsagen

In welche Fallen tappen Sie? Auf welche Spielchen fallen Sie rein? Was kostet Sie das? Und wenn Sie sich ein Ja sparen, was gewinnen Sie dann?

Ihr Nein wird Ihnen neue Erfahrungen bringen: Nutzen Sie Ihre Stärken nachhaltig für sich selbst – da Sie Ihre Freiheit mögen, übernehmen Sie das Controlling selbst und überlassen Sie es nicht anderen. Genießen Sie, dass Sie in Ihrer Arbeit schwungvoll und kreativ sind – lassen Sie aber nicht zu, dass man Ihre Flinkheit ohne Verhandlung zu einem „Vertragsbestandteil" macht. Da das Arbeiten mit Ihnen den Anderen Freude macht, genießen auch Sie die Zusammenarbeit. Sie haben eine Menge Ideen und kommen zu neuen Lösungen. Darum kann man Sie echt beneiden.

Die Jein-Sager: „Streng dich an"

Die Jein-Sager findet man im Konfliktschema bei den Anpassern, in gewissem Sinne auch bei den Konkurrenten. Eigene Interessen stellen sie bereitwillig zurück – gerade *damit* will man der Beste sein. Sie sagen nicht recht Ja und nicht recht Nein.

Jein-Sagerinnen und -Sager setzen sich mit Elan für Projekte ein. Im Team übernehmen sie sogar Aufgaben, die niemand gerne macht. Aber für kontroverse, heftige Diskussionen, in denen es „nur" um Identifikation und Werte geht, haben sie wenig Verständnis.

Als Jein-Sager hat man gelernt, neue Projekte begeistert anzugehen. Keine Aufgabe ist unmöglich. Man ist interessiert und spontan aktiv. Das ist eine schöne Gabe.

Bei Stress aber verliert man den Auftrag aus dem Auge. Man tut zu viel, verliert die Motivation und findet am Ende das Projekt fad. Es kann passieren, dass man den Einsatz bringt und ein anderer den Erfolg einheimst, weil man versäumt, Prioritäten zu setzen. Man vergisst schlichtweg, Pausen und Besprechungen einzubauen, weil man sie für sich und andere momentan nicht wichtig findet.

So lernen Sie als Jein-Sager Neinsagen

- Machen Sie aus Ihrem inneren „Streng Dich an" eine Erlaubnis: Tun Sie ab sofort nicht nur etwas, um es zu erledigen, sondern seien Sie auch erfolgreich damit!
- Fragen Sie andere, wie sie Sie wahrnehmen: als Person, in Ihrer Funktion, bei verschiedenen Aufgaben. Wie erleben sie Ihre Fähigkeit, Ihre Projekte erfolgreich zu Ende zu führen?
- Planen Sie Ihr Projekt durch, und halten Sie bis zum Ende an diesem Plan fest. Stopp: Fügen Sie nicht aus Begeisterung über Ihre geleistete Arbeit in bereits erreichten Teilschritten noch zusätzliche Aspekte hinzu.
- Erledigen Sie Aufgaben, die Sie uninteressant finden, zu festgelegten Zeiten – schieben Sie sie nicht auf oder vergessen Sie sie nicht sogar ganz.

- Machen Sie sich die Prioritäten klar. Vergessen Sie nichts Wichtiges. Planen Sie Ihre erfolgreiche Zielerreichung als Priorität ein.
- Sagen Sie Stopp zu sich selbst, wenn Sie mal wieder eine anberaumte Besprechung absagen wollen, weil sie Ihnen im Moment nicht wichtig genug erscheint. Nutzen Sie den Austausch mit anderen, um den Verlauf eines Projekts oder die Entwicklung im Team zu erkunden.
- Klären Sie Ihren Auftrag. Sagen Sie Nein zu sich und anderen, wenn es im Verlauf eines Projekts darum geht, den Auftrag auszuweiten.

Ihr Nutzen als Jein-Sager beim Neinsagen

In welche Fallen tappen Sie? Auf welche Spielchen fallen Sie herein? Was kostet Sie das? Und wenn Sie sich ein Ja sparen, was gewinnen Sie dann?

Ihr Nein wird Ihnen neue Erfahrungen bringen: Das Entdecken von Grenzen ist für Sie ein echter Nutzen. Sie arbeiten verlässlich und bleiben auch bei schwierigen Aufgaben beständig dran – das sollte nicht nur zum Erfolg anderer beitragen, sondern zu Ihrem eigenen Erfolg führen. Da Sie Arbeiten übernehmen, einfach, weil sie gemacht werden müssen (und die unter Umständen andere liegen lassen), sollten Sie sie tun und dafür auch den Lohn einstreichen – niemand hat einen Anspruch auf Ihre Aktionsbereitschaft. Sie sind initiativ und interessiert. Darum kann man Sie echt beneiden.

> Haben Sie sich teilweise wiedergefunden? Nehmen Sie es nicht zu genau. Wenn Sie nach diesem Kapitel zwei (!) neue Ideen für sich selbst gewonnen haben, ist das wunderbar!

So nutzen Sie die Typisierungen

Typisierungen sind immer nur Bilder. Sie machen es manchmal leichter, die große, komplexe Wirklichkeit zu verstehen. Ich wünsche Ihnen beim Entdecken und Umsetzen viel Freude, Leichtigkeit und vor allem: Erfolg und Fortschritt.

So, wie wir selbst um ein Nein ringen, so begegnen wir auch Menschen, die sich um ein Nein bemühen oder einen festgefahrenen Umgang mit dem eigenen Nein haben. Aber es gibt auch Menschen, die sehr kühn und – sagen wir mal – dreist Nein sagen. Sie können das, und sie tun es. Wenn Sie nach der Lektüre dieses TaschenGuides bei den erstgenannten Zeitgenossen Ihr Abgrenzen üben (und für Entwicklung offen sind), bei der „dreisten" Sorte Mensch aber mit dem eigenen Nein unnachgiebig bleiben, dann haben Sie einen wichtigen Schlüssel zum Erfolg gefunden.

Ist es nicht so, dass wir alle ein Bauchgefühl dafür haben, wo die Grenze ist? Hier steckt ein großes Potenzial. Und ich möchte Sie einladen, Ihre persönlichen Potenziale auf diesen Seiten aufzustöbern und zu nutzen. Wir wissen,

- wann genug ist,
- bei wem wir immer wieder auf Granit beißen,
- welche Situationen uns veranlassen, nicht auf unsere eigene Wahrnehmung zu hören usw.

Warum wir trotzdem zustimmen, ohne es zu wollen, und warum wir die Tür öffnen, obwohl wir sie eigentlich fest verriegeln möchten? Wir werden nicht alles über uns herausfinden, und wir müssen das auch nicht. Aber wir können uns auf die Ressourcen besinnen, die wir bereits haben.

Eine wichtige Ressource sind Partner und Partnerinnen, Freunde und Freundinnen, Eltern, Menschen, die Ihnen nahe stehen, denen Sie auch schon mal geholfen haben, Kollegen, mit denen Sie gefahrlos ins Unreine reden können. Fragen Sie sie, wie sie Sie wahrnehmen:

- Sehen sie in Ihnen den gleichen Typ, den Sie oben für sich herausgefunden haben?
- Fallen ihnen Situationen ein, in denen Sie sich sehr wohl gut abgegrenzt haben?
- Was würden diese Menschen Ihnen raten?

Wohlmeinende Menschen sind ein wahrer Schatz. Finden Sie heraus, wer Ihnen etwas über Sie erzählen kann und mag. Ob diese Informationen am Ende für Sie von Nutzen sind, entscheiden Sie dann einfach später.

Eine Frage an Sie

Angenommen, in diesen Seiten wäre ein Zauberpulver, das bewirkt: Nach der Lektüre des Buches können Sie positiv Nein sagen und weiterkommen.

Worin in Ihrem Alltag – beruflich und privat – würde sich dieses Zauberpulver genau bemerkbar machen?

Notieren Sie sich das – und lesen Sie Ihre Notizen am Ende Ihrer Lektüre.

_____

_____

_____

_____

_____

_____

Das richtige Nein – der wichtigste Schritt zu Ihrer Balance

Warum schaffen es manche Menschen, sich nicht nur abzugrenzen und durchzusetzen, sondern dabei auch noch souverän und freundlich zu wirken?

In diesem Kapitel lesen Sie,

- welche Rolle Stress und das innere Gleichgewicht für Sie spielen und
- wie Sie eine Balance zwischen Beruf und Privatleben herstellen.

Bauen Sie innere Stabilität und Haltung auf

Stress gehört zu unserem Alltag. Das nehmen wir so hin, weil es Spaß macht, Verantwortung zu tragen, Einfluss zu nehmen, ja, wichtig zu sein, aufgrund eigener Leistung gutes Geld zu verdienen. Jemand, der entspannt ist, früh heimgeht, ein ausgeprägtes Privatleben hat, kommt schnell in den Ruf, seine Arbeit nicht ernst zu nehmen oder sich das leisten zu können. Da zeigen wir uns lieber geschäftig und haben Stress als Teil unseres Lebens akzeptiert.

> Es gibt „guten" und „schlechten" Stress. Der eine belebt uns und spornt uns an, der andere schlägt uns aufs Herz und bringt andere Nebenwirkungen oder Folgen mit sich. Wie ist das bei Ihnen?

Wir gehen davon aus, dass es um uns nicht so schlimm steht, dass es bei uns schon gut gehen wird, alles seine Richtigkeit hat und im Lot ist.

Die Bedeutung von Stress für unser Leben

Nach dem „Journal of Experimental Psychology" (2/2005) beurteilen die meisten Menschen ihre Möglichkeiten, mit Stress umzugehen, allzu optimistisch. Sie verhalten sich so, als könnten sie ihre Handlungen genau einschätzen. Sie verdrängen die kleinen Störungen des Alltags und die natürlichen Grenzen der verfügbaren Zeit, und sie scheinen bei dieser Fehleinschätzung wenig lernfähig zu sein.

Nach „Psychologie Heute" (6/2005, S. 12) besteht ein Ausweg darin, sich selbst genau zu beobachten, sein Leben und seine Arbeit zu planen und dabei auch Unwägbarkeiten und Stress zu berücksichtigen.

Schädlicher Stress

Wir haben eine Menge unguten Stress. Und wir kümmern uns selten um unsere innere Stabilität – und vergessen, dass nur auf diesem Boden ein authentisches, glaubhaftes Nein gelingt. Untersuchungen widmen sich den volkswirtschaftlichen Kosten von Stress. Betrieblich geraten dabei häufig die wirtschaftlichen Kosten von kranken Mitarbeitern in den Blick. Aber bei den Informationen zum Thema, was Stress uns selbst kostet, blättern wir gern weiter.

In den letzten Monaten gab es Meldungen, dass der Krankenstand in Unternehmen zurückgeht. Aber: Die Zahl der Krankentage wegen stressbedingter psychischer Erkrankungen steigt kontinuierlich – Depressionen und Angststörungen stehen an der Spitze. Inzwischen macht das jeden siebten krankheitsbedingten Fehltag aus. Der Anteil der psychisch bedingten Fehltage stieg in den letzten fünf Jahren um zwanzig Prozent (Quelle: Gesundheitsreport der deutschen Techniker Krankenkasse 2010).

Was bringt Sie aus dem Gleichgewicht?

Spontan auf der Straße nach beruflichem Stress befragt, würden viele von uns nennen: Zeitnot, Konflikt mit Mitarbeitern oder Vorgesetzten, Engpässe im Budget. Es gibt aber weit mehr Ebenen, die zu Stress führen.

Kurz gesagt: Es ist sinnvoll, einmal genau zu schauen, an welchen Stellen wir im Privat- und Berufsleben den inneren Halt verlieren. Denn nur so können wir gegensteuern, unsere Lebens- und Arbeitsqualität steigern, zufriedener und gesünder sein (oder werden).

Mit Kernkompetenzen Schwachstellen finden

Es gehört zu unserem Alltag, uns selbst und andere zu managen – wir zählen das zu unseren Kernkompetenzen. Wir gönnen uns einen Ausgleich etwa durch ein Mittagessen mit Kollegen, blocken einen Nachmittag für unsere Familie, haben unseren Kalender im Griff (oder jemanden zur Seite, der das für uns tut), wir können Einsatz und Ergebnis abwägen. Lassen Sie uns doch einmal diese Kernkompetenzen nutzen, um einen Blick auf die innere Bilanz unserer Arbeit und unseres Privatlebens zu werfen. Das Ziel dabei: Fehlinvestitionen erkennen, uns vor Überbelastung abgrenzen, die Stelle für ein konstruktives Nein bestimmen.

Sind Sie im inneren Gleichgewicht?

Wie sieht es mit Ihrer Balance im Leben aus? Der Zeitexperte Lothar Seiwert (siehe zum Beispiel Seiwert, 2004) hat eine Landkarte geprägt, die sofort einleuchtet (siehe die folgende Checkliste). Er unterscheidet vier Lebensbereiche – die freilich Überschneidungen haben: Arbeit, soziales Leben, Sinn und

Gesundheit. Manche Bereiche sind uns gar nicht so bewusst. So können wir an manchem Tag jammern, die Arbeit würde uns auffressen. Wenn wir aber nachdenken, fällt uns ein, dass wir einen Teil unserer sozialen Bedürfnisse im Job decken können – mit netten Kollegen und Kunden. Oder wir gestehen uns ein: Unsere Arbeit ist wertvoll – ein Stück weit hilft sie uns bei der Selbstverwirklichung.

Zeichnen Sie sich Ihre eigene Landkarte. Bewerten Sie (mithilfe der folgenden Checkliste) in Prozent, wie viel Sie in welchen Bereich investieren. Versuchen Sie, insgesamt auf 100 Prozent zu kommen. Hier geht es nicht darum, dass Sie Ihren Doktor in innerer Balance machen, sondern einfach darum, sich selbst auf die Schliche zu kommen.

Das Ziel dieser Übung haben Sie bereits erraten: Eine ausgeglichene Verteilung ist ein guter Boden für ein ausgeglichenes Leben mit gesund gesetzten Grenzen.

Schauen Sie sich Ihre Verteilung an, und überlegen Sie, an welchen Stellen etwas im Ungleichgewicht ist.

> Vier Lebensbereiche sind für Ihre Innere Balance entscheidend. Haben Sie das Gefühl, dass einer davon zu kurz kommt? Wenn Sie ihn genau definieren, können Sie ihn auch bearbeiten! Herzlichen Glückwunsch: Sie haben den Lebensbereich gefunden, bei dem es sich lohnt, Neinsagen zu üben.

Checkliste: Stellen Sie ein Gleichgewicht zwischen Ihren Lebensbereichen her

Lebensbereich	Was gehört dazu?	%
Arbeit	Leistung, Beruf, Vermögen, Erfolg, Karriere, Rücklagen (Ergänzen Sie: ...)	
Soziales	Familie, Freunde, nahe Menschen, Anerkennung, Zuwendung (Ergänzen Sie: ...)	
Sinn	Selbstverwirklichung, Kulturelles, Erfüllung, Liebe, Philosophisches (Ergänzen Sie: ...)	
Gesundheit	Körper, Entspannung, Ernährung, Sport, Fitness, Wohlgefühl (Ergänzen Sie: ...)	
Balance		**100**

Sparen Sie Zeit – mit einem angemessenen Nein

Das eigene Leben zu gestalten und Ziele zu verfolgen, dazu bedarf es einer wichtigen Zutat: Zeit. Gehören Sie auch zu den Menschen, die keine Zeit haben, über Zeit nachzudenken? Die zwar den Text eines Zeitmanagement-Workshops mit Kopfnicken lesen und mit farbigem Stift Striche an den Rand zeichnen, die aber nicht die Zeit finden, daran teilzunehmen? Die bei einem schwierigen Projekt oder gegenüber ihrer Partnerin/ihrem Partner sagen: „Dafür sollten wir uns Zeit nehmen", die aber nicht dafür sorgen, den Rest so zu organisieren, dass dieser Freiraum tatsächlich übrig ist?

Definieren Sie Zeit für sich neu

Das Problem an der Sache ist, dass Zeit ein gemachtes Maß ist – recherchieren Sie einmal im Internet zu diesem Thema (zum Beispiel unter http://de.wikipedia.org/wiki/Zeit).

Die Moral von der Geschicht': Wir leben zwar nach der Uhr und haben Termine, aber wir vergessen zuweilen, dass es auch ein inneres Zeitmaß gibt.

Der Tag entspricht nicht allein vierundzwanzig festgelegten Einheiten auf einem grazilen Ziffernblatt. Wir haben innere Rhythmen, nach denen wir Tages-, ja sogar Jahreszeiten erleben – und in frohen Momenten bleibt die Zeit gar stehen. Geraten wir in Not mit dem scheinbar objektiven, offiziellen Zeitmaß, bleibt uns aber sehr wohl ein Ausweg: Wir können nach den Dieben Ausschau halten (siehe folgende Checkliste).

Checkliste: Finden Sie Ihre Zeitdiebe

Analysieren Sie Ihre persönlichen, typischen Zeitdiebe, und sagen Sie Nein zu ihnen.

„Außen"

- Besucher (auch willkommene), Telefonate (auch „nette"), endlose Besprechungen
- zu viel Kleinkram, unordentlicher Arbeitsplatz
- unklarer Auftrag, unklare Verantwortung
- Störungen (Serverausfall, Krankheit etc.)
- fehlende Informationen, fehlende Kommunikation

Was ist es bei Ihnen? Notieren Sie hier:

„Innen"

- hektischer Typ, Perfektionist, mangelnde Selbstdisziplin
- fehlende Zielsetzung, unklare Prioritäten
- zu viel auf einmal anfangen, in Details verlieren
- nicht Nein sagen können
- fehlende Kontrolle über den Erfolgsprozess (bei sich selbst und bei Mitarbeitern), unklare Verantwortung
- fehlende Informationen, fehlende Kommunikation

Was ist es bei Ihnen? Notieren Sie hier:

Externe Zeitfallen erkennen

Unser Arbeitstag hat Grenzen – egal, ob wir sie für uns selbst bei acht, zehn oder zwölf Arbeitsstunden ziehen. Es häuft sich allerhand Arbeit an, die sowieso gemacht werden muss – meinen wir. Aber es gibt Zeitdiebe, die wir nicht hinnehmen müssen.

Da zeigt sich zum Beispiel erst während des Projektes, dass der Auftrag nicht exakt vereinbart war und dass diese Ungenauigkeit uns jetzt die Zeit stiehlt. Da gibt es Kunden, die unpünktlich sind und die vereinbarten Unterlagen nicht oder unstrukturiert vorlegen. Auch bei Besprechungen – persönlich oder telefonisch – scheint die Zeit plötzlich wie durch einen löchrigen Eimer zu verrinnen. Oder Überraschungen, wie Krankheit oder Server-Ausfall, sind bei der Projektplanung nicht durch Puffer abgesichert worden und erzeugen jetzt Arbeitsspitzen.

Interne Zeitfallen erkennen

Wo tappen Sie in Fallen, die Sie sich selbst unwillentlich gestellt haben? Welche Fallen sind irgendwie typisch? Welche Lösungswege wählen Sie? An dieser Stelle soll es nicht um adäquate Planungswerkzeuge, um eine bessere Tages- und Wochenplanung, eine professionelle Projektplanung gehen, sondern schlicht um einen Blick auf uns selbst. Mit etwas Abstand hören wir uns mit schöner Regelmäßigkeit sagen: „Ich fang einfach immer zu viel auf einmal an." „Ich sollte endlich lernen, Nein zu sagen." „Heute war ich mal wieder nur hektisch." Kennen Sie das von sich? Erkennen Sie diese

Gestalten, die in Ihrem inneren Theater auftreten und Ihnen das Spiel verderben, die Ihnen vertraut sind und die Sie mittlerweile resigniert hinnehmen?

Sie müssen nicht Ihre ganze Persönlichkeit und Arbeitsweise ändern, nur weil Sie diesen Taschen-Guide lesen. Stoßen Sie aber auf typische Zeitdiebe in Ihrem Inneren, könnte es sinnvoll sein, sie mit klarer Ansage aus dem Büro und aus Ihrem Leben zu verbannen. Das gelingt umso leichter, je genauer Sie sie kennen.

> Es lohnt sich, die eigenen Zeitdiebe zu kennen. Zeit bedeutet Leben – und mehr Zeit erhöht die Lebensqualität. Außerdem bedeutet Zeit Geld – und mehr Zeit ermöglicht finanziellen Erfolg sowie berufliche und persönliche Weiterentwicklung.

Prioritäten helfen, Grenzen zu ziehen

Sie sind es gewohnt, bei Ihrer Arbeit Entscheidungen zu fällen. Vielleicht gehören Sie auch zu denen, die Beschlüsse aussprechen müssen, die andere Menschen betreffen. Wie machen Sie das? Sie setzen Prioritäten, machen sich und anderen Ihr Ziel klar, definieren Zwischenschritte, organisieren die Kontrolle über diese Zwischenschritte und über das Ergebnis. Haben Sie einmal daran gedacht, genau diese Fähigkeiten zu nutzen, wenn es Ihre persönlichen Prioritäten betrifft? Wenn es darum geht, selbstverständlicher zu werden mit Ihren eigenen Grenzen und mit einem souveränen Nein?

Kontrolle ist besser

Definieren Sie sich als Schaltzentrale Ihrer Schaffenskraft, verbannen Sie alles, was dort nicht hinpasst. Setzen Sie Prioritäten und ordnen Sie Büro und Leben so, dass Wichtiges sichtbar ist (lesen Sie dazu auch die folgende Checkliste). Sobald Sie wissen, was Ihnen wichtig ist, wird es Ihnen auch leichter fallen, diese Dinge zu realisieren und zu verteidigen.

Beispiel:

> Herr L. gehörte früher zu denen, die recht leichtfertig zugestimmt haben, wenn er um einen Gefallen gebeten wurde. Ihm ging das zwar selbst gegen den Strich. Aber vor allem, wenn eine sympathische Kollegin ihn um etwas bat, konnte er eigentlich nur noch Ja sagen.
>
> Inzwischen hat er in einem Stress-Seminar gelernt, sich Prioritäten zu setzen. Sogar in spontanen Situationen gelingt ihm jetzt die Frage an sich selbst: Was habe ich davon? Ist mir das wichtig?
>
> Er lässt sich mehr Zeit für eine eigene, bewusste Entscheidung und bleibt damit aktiv. Wenn der goldene Mittelweg nicht möglich ist, achtet er jetzt darauf, dass jeder mal den Vortritt hat. Aus und vorbei sind die Zeiten der atemlosen Zustimmung und der einseitigen Gutmütigkeit.

Win-Win – die Lösung, bei der alle Seiten gewinnen: Klingt das nicht verlockend? Damit das gelingt, müssen Sie spontan parat haben, was Ihnen wichtig ist und an welchem Punkt Sie „gewinnen" wollen.

Checkliste: Setzen Sie Prioritäten

Entscheiden Sie, was Ihnen wichtig ist. Bei Ihrer Arbeit und in Ihrem Privatleben verfolgen Sie ein bestimmtes Ziel. Verbannen Sie alles, was diesem Ziel nicht dienlich ist. Setzen Sie Prioritäten, wählen Sie Wichtiges, Dringendes – und sagen Sie Nein zu allem anderen. Besinnen Sie sich darauf, dass Sie selbst die Wahl haben.

- **Wichtige** und **dringende** Aufgaben:
    - Erledigen Sie diese Aufgaben sofort!
    - Machen Sie diese Aufgaben für sich sichtbar – sie müssen für Sie griffbereit sein.

    Was ist es bei Ihnen? Notieren Sie hier:

- **Wichtige**, aber **nicht dringende** Aufgaben:
    - Diese Aufgaben können warten, müssen aber durchdacht und geplant werden. Legen Sie sie auf Wiedervorlage. Machen Sie sie mit System sichtbar.

    Was ist es bei Ihnen? Notieren Sie hier:

- **Nicht wichtige**, aber **dringende** Aufgaben:
    - Delegieren Sie diese Aufgaben möglichst.
    - Diese Aufgaben dürfen nicht in irgendwelchen Ablagesystemen oder unter Stapeln verschwinden.

    Was ist es bei Ihnen? Notieren Sie hier:

Überprüfen Sie Ihre Prioritäten – regelmäßig

Fragen Sie sich immer wieder: Ist das jetzt wichtig (das ist eine Frage der Bewertung)? Oder ist das „nur" dringend (das ist eine Frage der Zeit)?

Planen Sie regelmäßig ein, Ihre Prioritäten zu überprüfen. Das braucht zwar wiederum einen Moment Zeit. Dieser Einsatz wird sich aber lohnen. Wir haben nicht alles in der Hand, nur weil wir gut planen. Versuchen Sie dennoch, den Teil Ihrer Aufgaben zu erhöhen, der wichtig, aber nicht dringend ist. (Und Dinge, die weder wichtig noch dringend sind, gehören ganz in den Papierkorb.)

Sie werden merken, dass sich Ihre innere Haltung strafft und verjüngt. Sobald Ihnen klar ist, was Ihnen wichtig ist, werden Sie spontaner Grenzen setzen können, wenn jemand Ihnen ungeliebte Arbeit aufdrücken will. Wenn jemand wieder einen Gefallen erjagt, obwohl es bei Ihnen jetzt gerade nicht passt. Und Sie werden Nein zu sich selbst sagen können, sobald Sie zum Beispiel auf Ihren inneren Perfektionisten treffen.

Sagen Sie Nein – das schenkt Energie

In manchen Situationen ist es schön, einfach ohne Plan zu sein. An einem freien Sonntag zum Beispiel, an dem man spät aufsteht, Lust auf eine Wanderung bekommt und mit einer netten Truppe loszieht. Das Wetter ist schön, keiner hat einen Plan dabei – das Risiko, sich zu verlaufen, ist gering. Also los. Wir kommen nur allzu oft in eine Situation, in der es naheliegend ist, sich ein konkretes, gut abgegrenztes Ziel zu setzen – und sei es das Ziel, positiv Nein zu sagen und sich eigenen Zielen (nicht denen anderer) zu widmen.

Wenn wir den Weg dorthin nicht kennen, aber möglichst rasch und mit möglichst effektivem Verhältnis von Nutzen (Erkenntniszugewinn, Schaffensfreude, Umsatzsteigerung) und Kosten (Energieeinsatz) dorthin wollen, dann sollten wir uns genau anschauen, wo wir stehen, wohin wir wollen und wie wir das erfolgreich meistern werden (siehe folgende Checkliste).

> Pläne sind immer nur abstrakte Bilder der Wirklichkeit. Sie können Überraschungen nicht vorbeugen und die „Wetterlage" nicht vorhersagen. Und doch sind sie manchmal eine gute Hilfe, um zu prüfen, ob man auf dem richtigen Weg ist und ob die Richtung noch stimmt.

Übrigens steht es außer Frage, dass Helfen, Unterstützen, Dinge für andere zu übernehmen Energie schenken kann. Wichtig ist nur, dass Sie schauen, ob Sie diese Energie „übrig" haben. Sie können nicht Aufgaben übernehmen, wenn Sie selbst auf dem letzten Loch pfeifen oder wenn Sie vor lauter freundlichen Diensten nicht dazu kommen, Ihre eigenen Ziele und Wünsche zu verwirklichen.

Und: Fragen Sie sich einmal, wie es auf Sie wirkt, wenn andere keine Zeit oder Energie haben, Ihre Wünsche zu erfüllen. Wenn Sie bei dieser Überlegung verletzt reagieren, sollten Sie sich an diesem Punkt noch etwas selbst erforschen.

Checkliste: Kräfte mobilisieren – Ihre persönliche Kosten-Nutzen-Rechnung

Sie haben ein bestimmtes Energiepotential zur Verfügung. Analysieren Sie im Folgenden, an welchen Stellen Sie Energie verschwenden und wie Sie Ihre Kräfte mobilisieren können. Fragen Sie sich am Schluss, ob Ihre persönliche Energie-Bilanz aufgeht. Am Ende sollte der Nutzen Ihres Einsatzes überwiegen.

1 Runter mit den Energieausgaben

- Welche Energieverschwendung bei der Projektarbeit, am Schreibtisch, im Privatleben kenne ich von mir? Was lenkt mich regelmäßig vom Ziel ab? Wie kann ich das konkret stoppen oder mindern?
- Welche Situationen erlebe ich als kraftraubend? Betreffen sie Beziehungen oder Inhalte und Fakten? Wie kann ich mit ihnen umgehen oder wie kann ich sie vermeiden?
- Was würde es für mein Leben (beruflich, privat) bedeuten, wenn ich weniger Energielöcher und Ablenkung hätte?

Platz für Ihre Notizen:

2 Rauf mit den Energie- und Kraftreserven

- Was kann ich in meinem Berufsalltag einführen, um Energie zu spüren und sie für mein Ziel einzusetzen?

- Was tue ich, um mich gut zu fühlen?

  Wo gelingt mir das bereits im Beruf? Und privat? In welchen Situationen möchte ich mir das noch aneignen?

- Was würde es konkret für mein Arbeiten und Leben bedeuten, wenn ich über mehr Energiereserven verfügen würde?

Platz für Ihre Notizen:

3 Her mit dem Nutzen

- Welche „Kosten", welche Energie setze ich bei meiner Arbeit ein, um ein Ziel zu erreichen? Und privat?
- Was ist für meine Projekte/das Unternehmen ein Nutzen?

  Was ist für mich beruflich von Nutzen?

  Was ist für mich persönlich von Nutzen?

- Stehen „Kosten" und „Nutzen" in einem ausgewogenen Verhältnis?

Platz für Ihre Notizen:

Energie durch Achtsamkeit

Im Alltag müssen wir unsere gesamte Kraft auf eine Reihe Dinge lenken. Und es gibt Zeiten, zu denen an der Spitze drei oder vier brennende Punkte stehen. „Jetzt die Ärmel hochkrempeln" ist nicht immer der Tipp, der zieht. In solchen Spitzenzeiten müssen wir zwar dranbleiben und weitermachen. Und wir machen weiter. Aber auf Dauer bleiben wir nur energiegeladen, wenn wir nicht nur den berstenden Terminkalender abarbeiten, sondern noch wahrnehmen können, wo wir stehen und was gerade wichtig ist.

„Führung – Ethik – Meditation" titelte bereits 2002 ein Managementkongress mit hochkarätigen Referenten („Manager-Seminare", 57/2002, S. 16-18). Dort kamen leitende Führungskräfte durch eigene Übung zu dem Ergebnis: Achtsamkeit hilft. Achtsamer zu werden, ist eine hilfreiche Methode, um

- gelassener mit eigenen/fremden Emotionen umzugehen,
- intuitiver zu handeln,
- klarer zu denken,
- sich bei Bedarf von alten Vorstellungen lösen zu können
- und ein Verständnis dafür zu erlangen, was die Welt, das Unternehmen, die Menschen im Innersten zusammenhält.

Nun kann man Stressgewohnheiten nicht von heute auf morgen ablegen. Und das Trainieren einer neuen Gewohnheit dauert eine Weile. Aber gehen Sie diesen einen Schritt weiter: Werden Sie achtsam für sich, den Augenblick und ein angemessenes Nein. Sie werden schnell spüren, wie Ihre Energie zunimmt.

Wenn Sie dennoch keine Balance finden

Es gibt Lebens- und Arbeitssituationen, in denen kommt man nur weiter, indem man sich die Zielvereinbarung von vor fünf Monaten greift und sich mal zwei Stunden (nicht nur zwanzig Minuten) über die Umsatzzahlenliste beugt. Oder indem man ein Buch wie dieses liest, einen Vortrag besucht oder ein Seminar bei einem namhaften Anbieter bucht. Man entwickelt persönliche Strategien – und das ist gut so.

Aber es gibt auch Menschen, die in schwierigen Phasen merken: Ich bleibe stecken. So geht das nicht weiter. Ich mache dasselbe wieder und wieder – ohne Erfolg. Ich schlafe nicht mehr, mein Körper entwickelt Symptome, und ich sage Einladungen regelmäßig ab.

An diese Menschen ist der Hinweis gerichtet: Machen Sie nicht alles mit sich allein aus. Es kann sinnvoll sein, sich Hilfe zu holen. Es gibt Coachs, Lebensberatungen, Therapeuten – allesamt Fachleute, die darauf spezialisiert sind, Menschen in besonderen Lebenssituationen und mit speziellen Berufsfragen zu unterstützen.

> Es ist kein Zeichen von Niederlage, wenn Sie sich eingestehen: Ich brauche Hilfe. All die Tipps zum Abgrenzen und Neinsagen ziehen bei mir nicht – bei mir liegt es tiefer.

Wenn Sie sich umgucken, werden Sie sehen: Eine Menge Menschen haben sich unterstützen lassen und das als gute Investition auf dem Weg nach vorn erlebt.

Positiv abgrenzen: So sagen Sie konstruktiv Nein

Nachdem Sie die Grundlagen gelegt haben, um Nein sagen zu können, geht es jetzt darum, Ihr Nein mit emotionaler Intelligenz zu vermitteln. Der Ton macht die Musik.

In diesem Kapitel lesen Sie,

- wie Sie Ihr Nein optimal äußern und
- wie Sie Ihr Nein mit nicht sprachlichen Mitteln unterstützen.

Grenzen akzeptieren oder erweitern

Im ersten Kapitel ging es um Situationen, in denen das Nein gelingt – oder auch nicht. In diesem Kapitel gehen wir näher heran und betrachten das konkrete Gespräch. Haben Sie schon einmal daran gedacht, dass es reizvoll sein kann, an selbst gewählten Stellen die eigenen Grenzen zu erweitern?

Beispiel:

Frau F. entdeckte erst nach ihrem 60. Geburtstag ihre Lust am Laufen. Marathon? Das war etwas für andere, dachte sie zuerst. Heute läuft sie regelmäßig – und hat damit nicht nur an äußerer Fitness zugelegt. Vor allem weiß sie: Nicht alle Grenzen, die man sich selbst steckt, stimmen so.

Grenzen überschreiten, indem man Fallen erkennt

Es gibt zwei Fallen bei dem Thema Neinsagen. Zunächst Falle 1: Man stoppt lange vor der Grenze. Man generalisiert eine Erfahrung und überprüft sie nicht mehr. Kennen Sie das? Sie trauen sich etwas nicht zu (und sagen damit Nein zu Ihren eigenen Möglichkeiten).

Falle 1: Generalisieren

Beispiel:

Herr K. arbeitet als Grafiker und hat die Lust an Verhandlungen verloren. Er ist gut im Geschäft und hat prominente Kunden, dennoch lässt er sich die Honorare diktieren. Er glaubt nicht mehr, dass es etwas auszuhandeln gibt, denn er hat die Erfahrung gemacht, dass die Preise schon vorher feststehen. Die Konkurrenz ist groß, sagt er. Da er fest davon überzeugt ist, kann er gar nicht mehr die Erfahrung machen, dass er beim Verhandeln erfolgreich sein kann. Zum Beispiel, indem er die Güte seiner Arbeit und die Kriterien für seine eigene Preisvorstellung betont. Würde er diese Falle überwinden und sich neue Erfahrungen zutrauen, könnte er seine Grenzen garantiert erweitern.

Falle 2: Ignorieren

Aber es gibt auch noch eine andere tückische Falle. Falle 2 beim Neinsagen: Man beachtet seine eigenen oder fremde, feststehende Grenzen nicht. Eigene Grenzen können etwa durch die eigene Konstitution gegeben sein, fremde, feststehende durch Hierarchien und Firmenkulturen. Kennen Sie das? Man traut sich einfach alles zu (und sagt damit Nein zu seiner eigenen Wahrnehmung).

Beispiel:

> Für Herrn H. ist das typisch. Er überfordert sich regelmäßig, nimmt Aufträge an und versäumt, auf seine körperlichen und psychischen Grenzen zu achten. Er bewertet das als Kampfgeist und findet sich dabei sportlich – allerdings übersieht er, dass wahrscheinlich die Qualität seiner Arbeit steigen, die Fehlerhäufigkeit sinken würde, sobald er diese Grenzen akzeptierte.

Wir müssen herausfinden, wo wir stehen, immer wieder neu und flexibel. Es geht nicht um ein Entweder- oder, sondern um ein Sowohl als auch.

> Erlauben Sie sich an einigen Stellen Ihre Grenzen. Und kommen Sie sich an anderen Stellen auf die Schliche, wo Sie Ihre Möglichkeiten nicht ausschöpfen. Das ist der Weg zum Erfolg – privat wie beruflich.

Von sich selbst lernen

Manchmal kennen wir von uns selbst ein konstruktives Verhalten, das wir uns genau so in einem anderen Lebensbereich sehnlich wünschen. Wie waren Sie als Jugendlicher? Oder als Kind? Gab es da nicht bestimmte Situationen, in denen Sie vor nichts und niemandem Angst hatten und Ihnen Ihre Grenzen vollkommen klar waren? Wie haben Sie das gemacht? Oder kennen Sie Lebensbereiche in der Gegenwart, in denen es Ihnen leicht fällt, Grenzen zu ziehen? Wie machen Sie das?

Beispiel:

Frau D. ist Geschäftsführungsassistentin eines großen Bauunternehmens. Als Ausgleich zu ihrem interessanten, aber unsteten Arbeitstag hat sie sich ein Hobby zugelegt: Sie übt seit ein paar Monaten Tai-Chi. Diese fließenden, langsamen Bewegungen gelingen ihr immer besser, und sie ist fasziniert davon, dass sie dabei vollständig abschalten kann. Wenn sie üben will, schaltet sie das Telefon auf leise und lässt sich von nichts mehr stören. Sie vollzieht die festgelegte Bewegungsfolgen eine nach der anderen mit konzentrierter Ruhe.

Im Beruf ist sie völlig anders. Besonders ein Kunde bringt sie total aus der Ruhe. Wenn er Informationen oder Material braucht, fordert er das regelmäßig mit so großer Vehemenz ein, dass sie schon über seinen Stil in Panik gerät. Dringliche Angelegenheiten haben Vorrang, aber wenn sie unter den vorliegenden Aufgaben und Anfragen keine Prioritäten setzt, verzettelt sie sich. Ihre Grenze ist erreicht.

Mittlerweile hat sie sich ihr Tai-Chi-Training für den Beruf zunutze gemacht. Wenn sie an ihre Grenze gerät und hektisch wird, atmet sie einmal tief durch, überlegt sich, was als Nächstes wichtig ist und erledigt dann erst einmal nur diese eine Sache. Wenn ihr das nicht gelingt, schaltet sie sogar das E-Mail-Programm für diese Zeit aus.

Lernen Sie von sich selbst. Finden Sie eine Situation in Ihrem eigenen Leben (in der Vergangenheit oder in der Gegenwart), in der Sie sich so verhalten (haben), wie Sie es gern in einer anderen Situation könnten. Gehen Sie Schritt für Schritt durch, was Ihren Erfolg in der positiven Situation ausmacht. Was können Sie davon auf Ihre aktuellen, problematischen Abgrenzungsanlässe übertragen?

Nein – nicht gegen andere, sondern für sich selbst

Ein Nein ist gelegentlich ein Mini-Konflikt. Wenn Sie zu denen gehören, die bisher regelmäßig Ja gesagt oder eine Grenzziehung vermieden haben, ist Folgendes sehr wahrscheinlich: Vor allem bei Menschen, die Sie schon länger kennen, wird Ihre Verhaltensänderung Erstaunen, vielleicht sogar Verärgerung auslösen. Umso wichtiger ist es, dass Sie wissen, dass Ihr Nein „gut" ist.

Wollen Sie Nein sagen, weil Sie sauer sind? Trotzig? Rachsüchtig? Weil Sie blockiert sind? Weil Sie sich hilflos und ängstlich fühlen? Weil Sie Ihrem Gesprächspartner eins auswischen wollen? Dann Stopp. Lesen Sie nicht weiter, sondern sprechen Sie sich erst einmal mit Ihrer besten Freundin aus oder beraten Sie sich mit Ihrem besten Freund. Wer einen Streit vom Zaun bricht – das tut man gelegentlich mit einem Nein –, der muss auch die Verantwortung für den weiteren Verlauf des Konfliktes übernehmen, zum Teil jedenfalls. Und dazu ist es wichtig, damit zu rechnen, dass eine Grenze, die man sich selbst setzt, für den anderen zunächst eine Störung bedeuten kann. Sie können und brauchen nicht die Verantwortung für die Gefühle eines anderen zu übernehmen – aber Sie können sachlich bleiben.

Beispiel:

 Frau N. teilt seit sieben Jahren das Büro mit ihrer Kollegin Frau P. Sie vertreten sich gegenseitig, und gelegentlich unterstützen sie sich auch privat. Bisher haben sie sogar dieselbe Marke geraucht.

Jetzt hat sich Frau N. aber mit ihrem Mann entschieden, das Rauchen aufzugeben. Sie weiß, dass ihr das schwer fallen wird. Zu Hause hat sie schon zwei Wochen durchgehalten, aber im Büro nicht zu rauchen und einer Raucherin gegenüberzusitzen – das fällt ihr schwer. Sie hat sich vorgenommen, heute ihre Kollegin P. zu bitten, nicht mehr im Büro zu rauchen. Ihrem Gefühl nach ist der Konflikt vorprogrammiert. Allerdings gibt es in der Firma einen Raucherraum, den Frau P. nutzen kann. Andere Kollegen machen das ebenso – bei ihnen war das bisher nur anders, weil sie beide geraucht haben. Das ist jetzt nicht mehr so.

Frau N. kann damit rechnen, dass sie verstanden wird, wenn sie bei der Sache bleibt: Ihr Wunsch ist nachvollziehbar. Der Konfliktstoff liegt allein in der einseitigen Aufgabe der bisher gemeinsamen Gewohnheit. Das klärende Gespräch, mit dem sie zunächst Unruhe stiftet, lohnt sich aber dennoch für sie – denn nur so kann sie ihr Ziel erreichen und mit dem Rauchen aufhören.

Fragen Sie sich, ob sich auch in Ihrem Fall der Konflikt lohnt. Manches Nein kostet zu viel. Wenn Sie sich im Klaren sind, dass das Nein sinnvoll ist, können Sie mithilfe der folgenden Checkliste mit Ihrem Gegenüber klären, wie Sie gemeinsam nach dem Nein weitermachen wollen.

Checkliste: Das Nein klären

Es gibt Situationen, in denen führt ein Nein zunächst zu einem Konflikt. Mit Fragen an Ihr Gegenüber können Sie herausfinden, wie es konstruktiv weitergehen kann.

- Welche Punkte sind uns klar? Was ist noch offen?

Notieren Sie hier:

- Worin sind wir uns einig? Was unterscheidet uns?

Notieren Sie hier:

- Welche Themen ergeben sich daraus für uns?

Notieren Sie hier:

- Was können wir jetzt klären?

Notieren Sie hier:

- Wie gehen wir mit den restlichen Themen um?

Notieren Sie hier:

- Dies sind meine Ziele und Bedürfnisse ... Was sind die Ziele und Bedürfnisse meines Gegenübers?

Notieren Sie hier:

Seien Sie klar und deutlich

Klar und deutlich sein, das sagt sich leichter, als es ist. Jedem passiert es mal, dass er etwas loswerden will. Dann kommt die Gelegenheit, und er stammelt bloß, findet nicht den richtigen Einstieg, verliert sich im fragenden Gesicht des anderen, wird wütend – eigentlich über sich selbst –, äußert sich dann aber erbost über den anderen ...

> Man sagt: Es gibt nichts Gutes, außer man tut es. Und so bleibt auch uns, die wir gelegentlich (und immer seltener) Schwierigkeiten haben, uns authentisch abzugrenzen, nur der Weg: Es zu wagen. Es auszuprobieren. Rein in die Fettnäpfe – dort lernt man am meisten.

Mag unser Weg auch mit Sprachlosigkeit, Verirrungen und tiefen Fettnäpfen verstellt sein: Wir können uns auf einige Sprech- und Kommunikationsregeln besinnen, die sich als erfolgversprechend erwiesen haben.

Die Aufmerksamkeit nutzen

Menschen, die darin geübt sind, Reden zu halten, folgen einer einfachen Regel: Sie sagen zuerst, was sie zu sagen beabsichtigen. Dann sagen sie, was sie zu sagen haben. Und am Ende sagen sie noch einmal, was sie gesagt haben. Das ist Ihnen zu banal? Kommt für Sie nicht in Frage? Dann verspielen Sie Möglichkeiten, die die Rhetoriklehrer seit vielen Jahrhunderten aufzeigen.

Spielen Sie das in Gedanken doch einmal mit Ihrem Kollegen durch, der regelmäßig mit gekonntem Charme seine Arbeit bei Ihnen ablädt. Das gelingt ihm, weil Sie ihn mögen und ihn nicht vor den Kopf stoßen wollen: „Herr K., ich wollte eh mal mit Ihnen darüber reden, dass Sie regelmäßig ... und dass das für mich nicht geht. Es ist nämlich so, dass Sie immer wieder ... und mein Schreibtisch ist auch voll. Um es also noch mal auf den Punkt zu bringen, Sie ... ständig ... und ich kann das jetzt nicht übernehmen."

Zu banal? Oder verständlich und klar? Versuchen Sie es einmal, freilich mit Ihren Worten und zu Ihrem Anlass. Beschränken Sie sich (zur Übung) auf diese kleine Choreographie. Damit schützen Sie sich davor, sich zu rechtfertigen, zu viel von sich zu zeigen und sich damit angreifbar zu machen. Die Sache ist doch ganz klar: „Sie sind nett, aber ich kann das nicht machen." (Lesen Sie auch die folgende Checkliste.)

Die Furcht bannen

Klar und deutlich sein – das kann wie eine Farce klingen, wenn man Angst hat, einen Kunden, seinen guten Ruf oder gar seinen Job zu verlieren. Aber besinnen Sie sich: Nur aus dem Grund, dass Ihr Chef sauer wird, weil Sie auf dem Weg in den Feierabend sind und deshalb keine Zeit für eine späte Besprechung haben, wird er nicht die Zusammenarbeit mit Ihnen aufkündigen. Wir sind alle eingespannt und haben Verpflichtungen – wir verzeihen uns gegenseitig einiges, sofern wir beim anderen eine Bereitschaft fürs Miteinander spüren und unsere Belange gewürdigt sehen. Sagen Sie so deutlich Nein, dass keine Missverständnisse aufkommen.

Checkliste: Typische Kommunikationsfehler vermeiden

Folgende Kommunikationsregeln gelten für jede Form der Kommunikation – sie sind nicht beschränkt auf Klärungsgespräche, Verhandlungen oder Konflikte.

- Machen Sie Ich-Aussagen, vermeiden Sie Du-Aussagen: „Ich empfinde das so …" statt „Sie wollen immer …". Denn von sich können Sie Fakten nennen, vom anderen haben Sie nur Hypothesen. Und besinnen Sie sich: Sie haben es sicher auch nicht gern, wenn jemand Behauptungen über Sie aufstellt.

- Sagen Sie nicht „immer" oder „nie", sondern beschränken Sie sich auf konkrete Anlässe, möglichst sogar nur auf den aktuellen Anlass.

- Unterbrechen Sie den anderen nicht. Sie wollen ja schließlich auch ausreden.

- Paraphrasieren Sie, was Ihr Gegenüber gesagt hat: Wiederholen Sie mit eigenen Worten, was er gesagt hat, um zu zeigen und zu überprüfen, dass Sie ihn richtig verstanden haben. Das müssen Sie üben, denn sonst jubeln Sie dem anderen beim Wiederholen Ihre eigene Meinung unter. Wenn der dann sauer wird und aus dem Gespräch aussteigt, braucht Sie das nicht zu wundern.

- Vermeiden Sie Unterstellungen: Spekulieren Sie nicht darüber, was jemand denkt, fühlt, zu tun versucht. Unterscheiden Sie zwischen Ihren Hypothesen und den Fakten. Geben Sie zu, wenn Sie etwas nicht wissen (sofern Sie sich das leisten können). Fragen Sie nach.

- Vermeiden Sie Häufungen von Klagen. Und bringen Sie Ihre Beschwerden nicht alle auf einmal vor.
- Erlauben Sie sich ein Schweigen. Wir füllen Pausen schon mal aus Verlegenheit. Gönnen Sie sich durch einige stille Momente selbst Raum, nachzudenken und durchzuatmen. Und gönnen Sie dem anderen die Zeit, um Ihre Worte einsickern zu lassen und zu verstehen.
- Bleiben Sie beim Thema. Das ist zumeist genug Stoff für dieses Gespräch. Holen Sie Ihren Gesprächspartner ggf. auch zu diesem einen Thema zurück.
- Wärmen Sie nicht alte Geschichten auf. Es sei denn, Sie haben gemeinsam die Vergangenheit bewusst als Thema dieses Gesprächs gewählt.
- Weichen Sie nicht auf andere Themen aus, die im Augenblick irrelevant sind. Hacken Sie nicht auf Nebensachen herum.
- Vermeiden Sie negative Bezeichnungen und Schimpfworte. Hier geht es nicht nur um passives Schweigen, sondern darum, auch mal aktiv den Mund zu halten.
- Versuchen Sie, die Redezeit unter sich aufzuteilen. Neigen Sie dazu, andere zuzutexten? Dann halten Sie sich zurück, und laden Sie den anderen zum Sprechen ein. Gehören Sie zu denen, die sich das Ruder aus der Hand nehmen lassen? Dann verschaffen Sie sich Gehör, und lernen Sie, sich nicht unterbrechen zu lassen.

Würdigen Sie den anderen

Liest man über Kommunikation, dann kann man schier verzweifeln: Es scheint Glückssache zu sein, ob wir uns überhaupt verstehen. Wenn ich „blühender Baum" sage, habe ich den zart erblühenden Mirabellenbaum vor meinem Wohnzimmerfenster im Sinn. Ich habe die Vermutung, dass Sie nicht an einen Mirabellenbaum gedacht haben – aber das hat für unsere Verständigung kaum Konsequenzen. Anders sieht es aus, wenn wir uns über Begriffe wie „angemessenes Honorar" oder „Anerkennung" austauschen.

Wenn Sie einmal anfangen, darüber nachzusinnen, wie Sie sprechen und zuhören, werden Sie merken, dass Sie zum Teil reflexartig reagieren. Mit einer solchen automatischen Reaktion verschenken Sie aber eine Chance auf Verständigung. Denn jeder Mensch ist anders, jeder Mensch ist in jeder Situation wieder anders ... und auf Sie und mich trifft das ebenfalls zu. Wie viel Information geht uns dabei verloren!

Der andere ist anders

Dieser Gedanke hat eine Menge philosophischer Implikationen. Aber es stecken auch viele praktische Vorteile darin. Man kann davon ausgehen, dass in einem guten Gespräch achtzig Prozent für den Beziehungsaufbau, die „Rahmung", aufgewendet werden. Nur die restlichen zwanzig Prozent sind tatsächlich Inhalt.

Versuchen Sie es doch mal: Wählen Sie in der nächsten Woche fünf Gesprächssituationen aus, die ein heimliches Üben zulassen. Sie sollten dabei eine deutliche Botschaft für den anderen haben. Schätzen Sie ein, wie viel Zeit Ihnen für das Gespräch zur Verfügung steht. Haben Sie zum Beispiel dreißig Minuten für eine Besprechung mit Ihrem Chef, so nutzen Sie zwanzig Minuten vor allem dafür, einen guten Boden zu bereiten, eine gute Stimmung herzustellen:

- Verstehen Sie Ihren Chef?
- Welche Stimmung hat er heute?
- Wie ist er gerade Ihnen gegenüber eingestellt?
- Hat er sich schon zu dem Thema geäußert?
- Sagen Sie etwas Positives über die derzeitige Situation. Fragen Sie. Leiten Sie langsam Ihr Thema ein. Und wenn Sie den Eindruck haben, die Chemie stimmt, dann eröffnen Sie Ihr Thema, und erst dann sagen Sie knapp und verständlich, was Sie loswerden, besprechen, entscheiden möchten.

Ihr Ziel im Auge

Dieses Vorgehen birgt ein gewisses Risiko. Gehören Sie zu den Menschen, die sich regelmäßig schlecht abgrenzen können, so kann es passieren, dass – bezogen auf das Beispiel – Ihr Chef die ganze Besprechung für seine eigenen Themen nutzt und Sie nicht zu Ihrem Ziel gelangen.

Nehmen Sie sich deshalb vor, diese Situation als Übung zu nutzen. Bereiten Sie sich vor. Haben Sie sowohl die Uhr als auch Ihr Ziel im Auge. Aber vor allem bereiten Sie einen guten Boden.

Respekt als Basis

Respekt gebührt nicht nur den Personen oberhalb unserer eigenen Hierarchieebene. Respekt verdienen alle Menschen. Überlegen Sie einmal, welche Situationen Sie kennen, in denen Ihnen angenehm aufgefallen ist, dass man Sie mit Respekt behandelt hat. In einem guten Hotel, bei einem Arztbesuch, bei einem Gespräch mit der Geschäftsführung. Was ist diesen Situationen gemeinsam? Ihre Basis ist eine gewisse Distanz der Beteiligten, die freundlich und wohlmeinend ist.

Das Leben ist sehr ausdifferenziert. Wir begegnen einer Menge Menschen zu sehr verschiedenen Anlässen und mit unterschiedlichen Fragestellungen. Dabei wissen wir zumeist, was unser Anlass, unsere Fragestellung, unser Ziel ist. Aber über die anderen haben wir selten ausreichend Fakten, sondern wir bilden Hypothesen. Wie hilfreich ist es da, wenn wir ihnen in einer respektvollen Zugewandtheit begegnen können! Das ist eine positive Strategie. Und wir erleben es selbst zumeist als wohltuend, wenn diese Aufmerksamkeit uns selbst zuteil wird.

> Sie kommen an Ihr Ziel und noch weiter, wenn Sie den anderen respektieren – als Mensch, in seiner Funktion und mit seiner Sicht der Sache.

Manchmal ist es sehr nützlich, uns darauf zu besinnen, dass es in bestimmten Situationen einfach nur darum geht, das Nein des anderen zu respektieren. Und ist es nicht bei näherem Hinsehen tatsächlich so, dass wir vor den Menschen deutlich mehr Respekt haben, die Nein sagen?

Das Danke als Anerkennung

Vergessen Sie es nicht – das Danke für ein gelungenes Gespräch ist ein Gebot der Höflichkeit und des Respekts: Danke für die Information. Danke fürs Zuhören. Danke fürs Nachfragen. Danke für Ihr Verständnis. Danke für die Anerkennung. Danke für die Zeit, die man sich uns gewidmet hat. Danke ...

Jemand fragt Sie nach einem Gefallen, dem Sie nicht nachkommen können? Versäumen Sie dennoch nicht, sich für das Vertrauen zu bedanken, das zu der Frage an Sie geführt hat.

Überlegen Sie, wie gut es Ihnen tut, wenn jemand so aufmerksam ist, all das zu Ihnen zu sagen. Und stellen Sie sich vor, dass auch ein Gespräch, in dem es um Abgrenzung ging und das freundlich verlief, durch ein Danke noch einmal abgerundet wird. So stimmt's.

Verständnis entwickeln

Ist Ihnen das auch schon passiert? Jemand hebt mit einer Erzählung an, und Sie sagen: Jaja, verstehe. Aber: Haben Sie wirklich verstanden? Machen Sie sich Folgendes klar: Unser Gehirn hat einen enormen Arbeitsspeicher:

- Es kann zirka 400 Wörter pro Minute verarbeiten.
- Zirka 200 Wörter pro Minute ist die Anzahl eines normalen Gesprächs.

Das heißt: Fünfzig Prozent unseres Gehirns sind nicht ausgelastet. Das heißt auch: Fünfzig Prozent des Gehirns des Gegenübers sind nicht ausgelastet. Was glauben Sie, was unser

Gehirn und das des Gegenübers jeweils mit den ungenutzten fünfzig Prozent tun? Einige Beispiele:

- In Gedanken stellt man die Einkaufsliste für abends zusammen.
- Man überlegt, wer im Bekanntenkreis auch so wie das Gegenüber beim Sprechen gelegentlich die rechte Augenbraue hochzieht.
- Man geht schnell die Tagesordnungspunkte für die morgige Konferenz durch und überlegt, welche Materialien man noch zusammenstellen muss.

Aber: Wenn wir effizient und kooperativ kommunizieren wollen, sollten wir dem anderen bewusst zuhören, und nicht nebenher noch dieses und jenes erledigen.

Machen Sie sich klar, dass Hören noch etwas anderes ist als Verständnis oder Verständigung. Wir können nur einen Teil dessen, was wir sagen wollen, bewusst tun – schlichtweg weil wir über uns selbst vieles nicht wissen (siehe folgende Grafik). Das ist wie bei einem Eisberg. Die Titanic ging unter, weil sie von einem Eisberg gerammt wurde, und zwar nicht von dem Teil, der oberhalb der Wasserfläche zu sehen war, sondern von einem immens großen Teil unterhalb der Wasseroberfläche.

Der Eisberg – Bewusstes und Unbewusstes

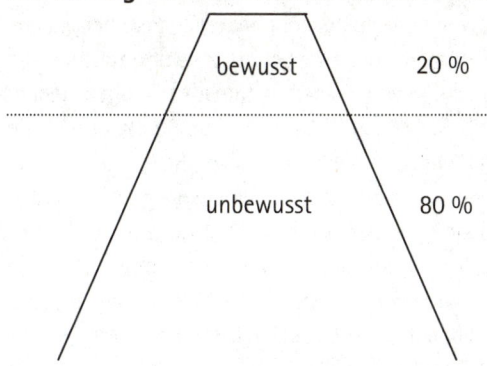

Sie können nur beschränkt beeinflussen, ob der andere Sie versteht. Wenn Sie üben, üben, üben, werden Sie bald merken, dass Sie unmissverständlicher werden. Fragen Sie sich, ob Sie das Anliegen des anderen verstanden haben. Wenn ja, sagen Sie ihm, dass Sie ihn verstanden haben. Dann wird Ihr „leider heute nicht" oder „mir trotzdem nicht möglich" weniger hart ankommen.

Die Moral von der Geschicht': Verwenden Sie einen guten Teil Ihrer Kommunikation darauf, Ihren Gesprächspartner zu verstehen. Tun Sie das aber nicht nur, weil Sie ein guter Mensch sind – sondern verknüpfen Sie Ihr Verstehen mit dem Erreichen Ihrer eigenen Ziele. Ein Ziel kann sein: Zu dieser Sache sage ich Nein.

Nutzen Sie die Fragetechnik

Gute Fragen führen zu brauchbaren Informationen. Das ist dann wichtig, wenn wir etwas vom anderen verstehen möchten. Lassen Sie uns doch einen Schritt zurücktreten und die Profis betrachten, die von der hohen Kunst des Fragens leben: die Journalisten. Sie lernen in ihrer Ausbildung als Erstes, wie man fragt und wie man jemanden zum Reden bringt. Sie wissen, dass sie erst noch die entscheidenden Infos finden müssen – und sie vermuten sie bei ihrem Gegenüber. Es gibt nichts Langweiligeres, als ein Interview mit Prominenten, die nur Bekanntes wiederholen (und mit Moderatoren, die das zulassen). Wir können von den Journalistenprofis lernen.

Im Journalismus gibt es klassische W-Fragen:

- Wer?
- Was?
- Wo?
- Wann?
- Wie?
- Warum?
- Welche Quelle?
- Auch könnte die Frage interessieren: Wie viel?
- Und man könnte konkretisieren: Was genau?
- Häufig möchten wir wissen: Wem nutzt das?

Achtung bei der Frage nach dem Warum: In Konfliktsituationen bringen wir damit jemanden in eine Rechtfertigungssituation – das sollten wir unbedingt vermeiden.

Setzen Sie diese Fragen aber nicht wie eine Maschinenpistole ein. Es gibt Menschen, die mit Fragen von sich ablenken wollen. Geben Sie Ihrem Gegenüber nicht das Gefühl, ausgequetscht zu werden.

Wie machen es gute Journalisten? Sie fragen nach, kurz bevor der andere seine Antwort beendet. Oder sie fragen nach, um das Gespräch noch auf ein anderes relevantes Thema zu lenken. Ihr Interviewpartner weiß: Sie fragen nach, damit sie einen guten Beitrag schreiben können. Machen Sie es ebenso.

> Man sagt: Wer fragt, führt. Aber berücksichtigen Sie, dass Ihr Gegenüber im Rahmen seiner Möglichkeiten frei über seine Antworten entscheidet – egal, wie viele Fragen Sie stellen. Gegenseitige Wertschätzung sollte dem Gespräch zugrunde liegen wie auch ein ehrliches Interesse an den Antworten.

Übrigens: Vergessen Sie nicht, dass Sie sich durch Ihre Fragen auch selbst zeigen. Zum Beispiel kann für den anderen – für Sie unbeabsichtigt – durch Ihre Fragen deutlich werden, wie unzureichend Sie inhaltlich vorbereitet sind. Mehr zu diesem Thema finden Sie im zweiten Kapitel (Typensache: Stolpersteine und Chancen).

Besinnen Sie sich einfach darauf, dass Sie Fragen stellen, um Ihr Gegenüber besser zu verstehen. Dann wird Ihnen das auch gelingen.

Checkliste: Verständnis durch Fragen

Die Gesprächsführung kennt verschiedene Fragetypen. Üben Sie sich darin, und nutzen Sie sie, sobald Sie sie als hilfreich und sinnvoll erleben.

- **Offene Fragen**: Mit offenen Fragen finden wir die Meinungen, Absichten, Wünsche unseres Gegenübers heraus. Voraussetzung: Wir müssen zeigen, dass wir interessiert zuhören, wenn er seine Seite ausführt. Beispiel: „Wie sehen Sie das, wenn …?"

- **Wiederholungsfragen**: Gelegentlich wissen wir selbst nicht so recht weiter und wollen Zeit gewinnen. Dann wollen wir zwar (wie bei den offenen Fragen) weitere Informationen einholen, das eigentliche Ziel ist aber der Puffer, der uns Zeit für Überlegungen lässt. Beispiel: „Habe ich Sie richtig verstanden, dass …?"

- **Geschlossene Fragen**: Wir haben immer ein Bild vom anderen. Also müssen wir herausfinden, ob wir mit unserer Einschätzung richtig liegen. Mit geschlossenen Fragen erwarten Sie eine konkrete Aussage oder sogar ein Ja oder Nein. Beispiel: „Haben Sie Ihr Produkt auch einem Konkurrenten von uns angeboten?"

- **Alternativen abfragen**: Hier grenzen Sie die geschlossene Frage noch ein und fokussieren bewusst auf zwei Alternativen. Beispiel: „Kommt es Ihnen nun auf das Budget oder auf das Zeitfenster an?"

Bieten Sie Wahlmöglichkeiten an

Entweder Du oder ich. Sie kennen die Geschichte mit der Sahnetorte. Die Torte hat zwölf Stücke. Aber es sind vierzehn Gäste anwesend. Was tun? Vierzehn Augenpaare sehen eine Verteilungsmasse, die begrenzt zu sein scheint. Ein Teil der Gäste denkt: Krieg ich. Ein Teil denkt: Oh je, ich werde leer ausgehen.

Mit Kreativität die Ja-Nein-Polarität erweitern

Wie reizvoll ist es, dass wir mit Kreativität und Neugier ausgestattet sind. Kreativ lässt sich nämlich auch noch eine andere Lösung finden. Spricht etwas dagegen, dass vierzehn Menschen miteinander darüber sprechen, was sie besonders mögen? Möglicherweise finden sich Gäste, die gar keine Torte wünschen. Manchmal möchte man strikt Nein sagen oder auf einem Ja bestehen. Aber mit ein wenig Besinnung und einer Prise Kreativität findet man zu der schöneren Lösung. Einige Beispiele:

- Nein, keine Torte, nichts Süßes heute.
- Nein, nicht heute, aber morgen.
- Nein, nicht diese Aufgabe, es sei denn, Du übernimmst diese.
- ...

Kommen Ihnen schon Ideen für Ihren eigenen Kontext?

Neue Wege beschreiten

Um neue Wege beschreiten zu können, braucht man einen wachen Geist ... und die Kühnheit, den anderen nach seinen Interessen und Vorlieben zu fragen.

In der Verhandlungsführung kennen wir den Königsweg, sich zunächst über die jeweiligen Interessen auszutauschen, um dann erst nach gemeinsamen Lösungen Ausschau zu halten. So weit kommen wir in der Praxis aber selten. Weil, sobald wir unsere Seite beschreiben, die andere Seite aufschreit: „Ohne mich, das ist ja wohl die Höhe." Damit wird die andere zur gegnerischen Seite. Oder das Gegenüber beschreibt seine Interessen, und man selbst merkt, wie einem das eigene Gesicht entgleist: „Schon wieder will der mich über den Tisch ziehen."

Oft gibt es Möglichkeiten, die man auf den ersten Blick gar nicht realistisch findet. Wenn es darum geht, dass Sie zu etwas Nein sagen möchten, dann kann es hilfreich sein, wenn Sie zusätzlich noch zwei weitere Alternativen haben.

Wenn ich nicht (1) mehr Honorar bekomme, möchte ich (2) mehr Zeit oder (3) einen garantierten Folgeauftrag.

Ich kaufe (1) entweder diesen Drucker mit Rabatt, oder (2) ich kaufe den Drucker und bekomme einen Toner dazu, oder (3) ich gehe zu einem anderen Händler.

Versuchen Sie es. Nehmen Sie es sportlich.

Nutzen Sie die Sprache Ihres Körpers

Wenn Sie ein paar Seiten zurück blättern, finden Sie die Grafik mit dem Eisberg, die zeigt: Nur zwanzig Prozent der Kommunikation laufen bewusst ab. Die restlichen unbewussten achtzig Prozent geschehen durch unsere Stimme, unseren Blick, unsere Haltung, unseren Körper. Diesen Teil können wir nicht vollständig steuern, wir können aber lernen, ihn teilweise zu nutzen.

Die nicht sprachlichen Elemente einsetzen

Es kann richtig Freude machen, wenn man entdeckt: Ich kann auch die Sprache meines Körpers nutzen, um beim anderen anzukommen. Menschen, die singen oder sportlich aktiv sind, haben ein Gefühl dafür, wie sehr sich die eigene Präsenz verstärkt, wenn man eine gute Körperspannung aufbaut, wenn man ein gutes Körperbewusstsein hat.

Der Blick

Einer Ihrer stärksten Partner beim Neinsagen mit dem ganzen Körper ist Ihr Blick: Sagen Sie Nein, und schauen Sie den anderen dabei an. Es geht um keine Geste, mit der Sie wie ein Cowboy Ihrem Gegner starr ins Gesicht schauen – nein, es geht um Ihre Präsenz: Sie haben etwas zu sagen, und zwar Nein, und Ihr Gegenüber soll sehen, dass Sie es wirklich ehrlich meinen.

Mit dem Mund, aber ohne Worte

Es geht nicht darum, mit dem Körper zu manipulieren oder etwas auszudrücken, was Sie gar nicht meinen. Es geht darum, ihn einzusetzen. Weil in den meisten Gesprächen und Auseinandersetzungen sowieso genug Worte ausgetauscht werden.

Was halten Sie davon, vor eine Ablehnung ein Lächeln zu setzen. Deuten Sie ohne Worte an: Das, was jetzt kommt, ist höflich und würdigend.

Um Nein zu sagen, brauchen Sie kein verkniffenes Gesicht oder einen harten Mund. Zeigen Sie mit einem zugewandten Gesichtsausdruck, dass Sie Ihr Gegenüber und sein Anliegen ernst nehmen. Dann wird die Tür nach Ihrem Nein nicht zuschlagen, sondern für Sie offen bleiben.

Das ganze Repertoire an Körpersprache nutzen

Aber es gibt auch noch weitere Maßnahmen, die wir oft nicht aktiv wählen, weil sie als nicht schicklich oder gar ungeschickt gelten.

Haben Sie eine Situation parat, in der Sie beim nächsten Mal klarer Nein sagen wollen? Gehen Sie die nächsten Punkte durch, und überlegen Sie, ob Sie so Ihr Nein wirksam unterstreichen könnten.

Stellen Sie sich vor, dass Sie zunächst Ihr Gespräch führen. Grenzen Sie sich in der gewünschten Form ab. Wenn das zu keinem Erfolg führt, versuchen Sie Folgendes:

- **Arme verschränken**: Wenn Ihr Nein nicht gefruchtet hat, sagen Sie noch einmal, was Sie sagen wollen, und verschränken Sie dann ganz langsam die Arme.
- **Mund einziehen**: Wenn Ihre Ablehnung einem Angebot gegenüber nicht respektiert wird, sagen Sie noch einmal, was Sie sagen wollen, und ziehen Sie dann ganz langsam den Mund ein.
- **Zurücklehnen**: Wenn Sie in einem Gespräch, das kooperativ begann, auf Ablehnung stoßen, die Sie als unangemessen bewerten, beugen Sie sich vor, sagen Sie noch einmal, was Sie sagen wollen, und lehnen Sie sich dann ganz langsam zurück. (Gelingt möglicherweise nur, wenn Sie sitzen.)
- **Kopfschütteln**: Wenn jemand versucht, Sie zu etwas zu überreden, das Sie gerade bereits begründet abgelehnt haben, sagen Sie nichts weiter, sondern schütteln Sie einfach langsam den Kopf.

> Sie können mit diesen Mitteln niemanden manipulieren. Und es wäre schade, wenn das Ihre Absicht wäre. Aber Sie tragen mit Ihrem Körper ein wundervolles Medium mit sich herum, mit dem Sie Ihre Botschaften verstärken können.

Sind Ihre Botschaften authentisch, wird Ihnen niemand Ihre Körpersprache verübeln.

Eigene Körpersignale deuten

Sie können Ihren Körper freilich nicht nur nach außen als Ausdrucksmedium einsetzen. Er kann Ihnen auch als Messinstrument dienen.

Lehnen Sie sich einen Augenblick zurück. Denken Sie an eine Situation in den letzten Tagen, in denen Ihnen ganz klar war: So nicht.

Was hat Ihnen Ihr Körper signalisiert?

Schieben Sie jetzt beiseite, welche Folgen die Situation hatte und ob Sie gut agiert haben. Erinnern Sie sich einzig an die Stimme, mit der Ihr Körper zu Ihnen gesprochen hat.

Da jetzt nicht die Leserinnen und Leser auf die Folter gespannt werden sollen, denen diese Sprache noch unbekannt ist, hier ein Praxisfall.

Beispiel:

Wenn Herr F. eine Mail seines Vorgesetzten liest, in der dieser etwas völlig anderes als Ergebnis festhält, als in der letzten Sitzung besprochen wurde, dann verspürt Herr F. ein deutliches Verkrampfen in der Magengegend. Nein, sagt der Magen, das kann ich nicht verdauen, das ist zum Würgen.

So wirken Sie authentisch

Kennen Sie das? Eindeutige Körpersignale, die typisch sind und die Sie seit Jahren begleiten? Oft sind sie laut und unangenehm. Freunden Sie sich trotzdem mit ihnen an, lernen Sie ihre Sprache verstehen. Wir haben gelernt, diese Stimme beiseite zu schieben. Das mag gelegentlich auch sinnvoll sein.

Wenn es aber darum geht, nach Rettungsankern beim Neinsagen Ausschau zu halten, gilt: Mit Ihren Körpersignalen haben Sie einen gefunden.

Man wird Ihnen ansehen, dass Sie sich wohl in Ihrer Haut fühlen, dass Sie nicht nur sagen, sondern mit jeder Pore meinen: „Hier geht's lang für mich. Wenn Sie wollen, gehen Sie mit."

Energie spüren

Im Alltag werten wir unseren Körper nicht immer als Freund, sondern oft als Feind: Er zeigt uns, dass er müde ist, dass die Grenze erreicht ist, dass er angespannt ist. Sobald wir lernen, seine Sprache zu verstehen, können wir ihn nutzen, um uns abzugrenzen, um uns selbst zu positionieren. Im Folgenden finden Sie einige Anregungen, sich mit Ihrem Körper anzufreunden.

Atmen

Ist Ihr Mittagstisch schon ein geschäftlicher Termin geworden? Stoppen Sie hier den gewohnten Ablauf. Setzen Sie sich vor der Mittagspause auf Ihrem Schreibtischstuhl zurück. Lassen Sie zu, dass Ihnen Ihr Atem einfach den Bauch füllt. Einatmen geschieht von selbst – Sie müssen nichts weiter tun. Beim Ausatmen ziehen Sie Ihren Bauch etwas ein. Nur Atmen. Dieser Moment der Gegenwart gehört Ihnen allein.

Den Körper beachten

Bevor Sie sich nachmittags mit einem Kaffee pushen, stellen Sie sich vor Ihr Bürofenster. Schalten Sie Ihren Blick nach innen, und lassen Sie Ihr ganzes Körpergewicht auf Ihre Füße fallen. Stellen Sie sich vor, Ihr innerer Blick ist eine Taschenlampe: Beleuchten Sie Ihre Füße. Spüren Sie Ihren Atem. Beachten Sie nacheinander Ihren gesamten Körper – von den Füßen bis zum Scheitel. Lassen Sie immer wieder alles Gewicht auf Ihre Füße fallen, und atmen Sie ruhig. Schütteln Sie sich abschließend sanft aus.

Anspannen, Entspannen

Ist Ihr Tagwerk bereits getan? Wo auch immer Sie sich befinden – suchen Sie sich einen unbeobachteten Platz. Selbst im Auto funktioniert das: Atmen Sie ein, und spannen Sie auf einmal Ihren ganzen Körper an. Halten Sie den Atem einen Moment. Lassen Sie mit dem Ausatmen wieder los. Wiederholen Sie das ein paar Mal. Lassen Sie die Vergangenheit hinter sich. Überlassen Sie die Zukunft sich selbst. Seien Sie ganz gegenwärtig.

Zusätzliche Kompetenzen: So kommen Sie weiter

Ein richtiges, ein authentisches Ja sagt man erst, wenn man auch Nein sagen kann. Sie haben Ihre Grenzen kennen gelernt und können Sie nun risikobereit in verschiedenen Bereichen erweitern.

In diesem Kapitel lesen Sie,

- „how to smalltalk", wie Sie offensiv in Gesprächssituationen hineingehen und trotzdem Ihre Grenzen wahren,
- welche Rolle Genuss für Ihre Stabilität spielt.

Nicht alles geben – Smalltalk

Beispiel:

 Frau J. sagt von sich: „Ich sage ein Ja, das ich nicht sagen will, weil ich in Gesprächen zu ernsthaft bin. Ich frage nach, interessiere mich, und schwupp, schon hab ich eine Aufgabe am Hals oder jemanden, der mir seine Sorgen erzählt."

Gehören Sie zu den Menschen, denen es leicht fällt, ein konzentriertes Sachgespräch zu führen, die sich aber unwohl dabei fühlen, auf einer Party unverbindlich ins Gespräch zu kommen?

Oder gehören Sie gar zu denen, die solche Situationen gern meiden? Die nicht riskieren wollen, mit jemandem ins Gespräch zu kommen, der dann kein Ende findet oder ihnen am Ende eine Aufgabe aufhalst? Die überall nur noch lockere, strahlende Menschen sehen und befürchten, durch eine ungeschickte Art ihrem brillanten fachlichen Ruf zu schaden? Die finden, dass das, was man so im Allgemeinen austauscht, arg banal ist? Die nach einem langen Arbeitstag schlicht mundfaul sind? Dann könnte es für Sie wertvoll sein, sich im Smalltalk zu üben.

Nützliche Randgespräche

Vor dem Kaffeeautomaten, auf der Messe, auf Kongressen, in Pausen von Seminaren, bei einem Besprechungszwischenstopp begegnen wir Menschen, die genug Schwergewichtiges gehört und gesagt haben – sie möchten eine Pause. Und sie kommen gern mit Ihnen ins Gespräch, wenn es angenehm oder nützlich ist.

Vorurteile gegen Smalltalk ablegen

Ist es nicht manchmal angenehm, von jemandem nach dem Wohl und Ergehen gefragt zu werden? Vielleicht sind Sie auch der Typ Mensch, der gelegentlich viel zu ernsthaft antwortet, wenn man ihn fragt, wie es ihm geht. In den meisten Fällen mag man es aber einfach, beim Kaffeetrinken während der Tagung, auf dem Weg zum Postkorb, zwischen zwei Sitzungsblöcken von einem netten Menschen angesprochen zu werden. Der Vorteil? Man erfährt etwas über die Person, und wenn man Glück hat, hört man auch noch einen lustigen Tratsch oder eine wichtige Information, die keinen offiziellen Weg nehmen wollte. Also was ist so schlimm am kleinen Gespräch?

Was befürchtet man beim oberflächlichen Plaudern? Dass jemand von den Hustenanfällen seiner Katze erzählt, wird wohl in den wenigsten Fällen passieren. Eher haben wir Angst vor Situationen wie diesen: Man steht bei einer Firmenfeier dem obersten Boss gegenüber und sucht nach Worten. Oder man findet sich in der hinteren Reihe eines überfüllten Aufzuges wieder und muss in die 7. Etage – was tun: dauerhaft starr auf die Schuhspitzen schauen oder ein freundliches Gespräch wagen? Aber mit welchem Thema anfangen?

Keine Frage, es gibt Naturtalente. Die haben immer einen flotten Spruch auf den Lippen und lassen sich auch in der

Nähe eines randvoll gefüllten Fettnapfes nicht davon abhalten, den Mund aufzutun.

Themen lauern überall

Ins Gespräch zu kommen, kann man lernen. Anfänger tun gut daran, sich zunächst ein Themenrepertoire zusammenzustellen und geschickt daraus zu wählen.

> Geschickt wählen heißt: Stellen Sie sich Themen zusammen, die Ihnen nicht zu Herzen gehen. Reden Sie über Dinge, bei denen Sie distanziert bleiben können – so üben Sie Ihre Grenzen ein und verhindern ein ungewolltes Ja.

Und dann müssen Sie es nur noch ausprobieren – üben Sie mit der Kassiererin im Supermarkt, mit dem Tankwart, mit dem Nachbarn.

Sobald Ihre Partnerin oder Ihr Partner Sie seltsam von der Seite anschaut, wissen Sie, dass Ihr Smalltalk-Training Erfolg hatte. (Siehe folgende Checkliste: Worüber man so spricht – Themen beim Smalltalk.)

Beispiel:

> Herr D. kann reden. Wenn ihm das Thema etwas sagt und er den Eindruck hat, etwas beisteuern zu können. Auch kann er mit Unbekannten ein Gespräch anfangen.
>
> Aber seine Grenze ist schnell erreicht. Er fühlt sich unwohl, sobald eine Lücke entsteht. Aus solchen Situationen flüchtet er, wenn möglich. Dabei könnte er seine persönliche Grenze mit etwas Vorbereitung stark erweitern und weiterkommen.

Gehören Sie zu den Menschen, die sich mit kleinen Gesprächen so richtig schwer tun, dann legen Sie sich zu den Themen vorab auch noch ein paar Sätze zurecht, mit denen Sie ein einmal angefangenes Gespräch aufrechterhalten können – und zwar so, das Sie *nicht* zu sehr in die Tiefe gehen. Auch Fragen können dabei hilfreich sein, zum Beispiel:

- Fragen zum Denken: Was denken Sie darüber?
- Fragen zum Fühlen (angemessen formulieren!): Wie geht es Ihnen damit?
- Fragen zum Handeln: Haben Sie schon weitere Pläne?

Lesen Sie noch mal im letzten Kapitel zu den Themen Aufmerksamkeit und Verständnis nach: Jeder Mensch mag, wenn man ihm so begegnet – aufmerksam und um Verständnis bemüht. Sie werden mit diesen Hilfsmitteln weiter kommen, als Sie vermuten!

Wichtig ist dabei, offene Fragen zu stellen, damit Ihr Gegenüber die Gelegenheit für eine Antwort hat. Eine geschlossene Frage („Finden Sie nicht auch?") kann ein Gespräch ja leicht ins Stocken bringen („Ja").

Checkliste: Worüber man so spricht – Themen beim Smalltalk

Die Kunst im „smallen" Miteinander: den anderen wertschätzen *und* die gegebenen Grenzen einhalten (vor allem die eigenen). Gerade keine Idee, wie anfangen?

- Das Wetter (das ist für viele Menschen fast täglich ein beliebtes Thema – für Kurzgespräche).
- Eine gezielte Frage: „Können Sie mir sagen, wo …?"; „Ich habe Sie gerade in dem Vortrag gesehen. Wie …?" (nur geeignet, wenn man an die Antwort anzuknüpfen vermag).
- Ein gerade aktuelles Thema, zum Beispiel die Weltmeisterschaft oder gesellschaftliche Ereignisse (nur, wenn es Sie interessiert).
- Smalltalken kann man innerhalb der Firma auch über den Kopierer, wenn allseits bekannt ist, dass er ein Eigenleben führt (oder was ist das bei Ihnen?).
- Die Farbe des Pullis, die sie an der anderen Person schon die ganze Zeit bewundern (wenn es stimmt; für Komplimente sind Frauen wie Männer offen).
- Anerkennende Worte über das, was Sie gerade beide auf dem Kongress, im Seminar, auf der Sitzung … gehört haben (anerkennend bleiben, bis Sie wissen, ob Sie eigentlich lieber beide lästern wollen).
- Das gute Essen auf der Firmenfeier (wenn es stimmt und der andere nicht gerade magersüchtig wirkt).

Gönnen Sie sich Genuss

Wir sind gewohnt, dass wir uns im Büro unseren Pflichten widmen. Ausspannen verschieben wir auf den Jahresurlaub – und viele Abende vor Jahreswechsel verbringen wir damit, Urlaubskataloge zu wälzen. Aber Hand aufs Herz: Entspannen Sie sich wirklich dabei, einmal im Jahr in bunten Broschüren zu blättern und von Palmen, Bergen oder Segelschiffen zu träumen? Kommt es nicht vielmehr darauf an, sich (im Alltag und regelmäßig) Augenblicke zu verschaffen, von denen Sie ganz ausgefüllt sind, die Sie voll genießen? (Siehe auch die Checkliste unten: Gönnen Sie sich eine Genuss-Pause) Damit tragen Sie zur eigenen Stabilität bei – und können besser Nein sagen.

Leistung durch Power-Pausen

Man mag auf den Gedanken kommen, dass sich Genuss und Arbeit widersprechen. Und es ist selbstredend, dass man eigenverantwortlich und in gewisser Weise selbstkontrolliert die eigene Arbeit mitgestaltet. Wer Verantwortung trägt, verfügt über Freiräume – das erfordert nicht zuletzt einen Respekt vor den Belangen des Unternehmens und des Miteinanders.

Und dennoch: Ihr Zurücklehnen und Innehalten im Umfeld Ihrer beruflichen Performance trägt ein ungeheures Potential – Sie sehen Ziele nicht mehr als starre Größen, die mit starken Schritten erreicht werden müssen (und zu denen Sie nur Ja sagen können), sondern Sie erleben: Nach einer gediegenen

Pause vermag man den Prozess, den man steuert oder an dem man beteiligt ist, kontinuierlich zu verbessern. Kreativität braucht Freiraum. Man weiß wieder, wo es langgeht. Man kann Ja sagen. Oder Nein.

Leisten Sie sich aber Genuss nicht nur, sondern nehmen Sie ihn auch bewusst wahr. Seien Sie neugierig, was heute anders und besser ist als gestern. Sie können sich einmal im Jahr für zehn Tage unter einer Südseepalme verwöhnen lassen – versäumen Sie aber nicht, auch an den 230 Arbeitstagen im Jahr täglich mindestens eine kleine Genuss-Power-Pause einzulegen.

> Der Clou beim Genuss: Wenn Sie in vollen Zügen genießen, brauchen Sie keine Nachhilfe mehr, um zu erkennen, wo Ihre Grenzen sind. Sie spüren sie. Sie wissen sehr genau, wer Sie sind und was Sie brauchen, um Sie selbst zu sein.

Planen Sie ab heute Genuss fest in Ihren Tag ein. Lassen Sie sich durch keine Verpflichtung davon abbringen, kleine Power-Pausen zu erleben.

Es gibt Untersuchungen, die zeigen: Durch regelmäßige kurze Pausen schnellt unsere Leistungsfähigkeit in die Höhe. Wir sind frisch und konzentrationsfähig. Unsere Tatkraft steht uns anschließend wieder voll zur Verfügung.

Die Medien nehmen sich regelmäßig des Themas an, wie wichtig es ist, während der aktiven Zeit des Tages abzuschalten. Psychologen der Harvard University (Cambridge/US-Staat Massachusetts) berichteten in der Zeitschrift Nature

Neuroscience, dass ein gediegener Kurzschlaf sogar helfen kann, Gelerntes zu verarbeiten.

Es nützt Ihnen aber wenig, vom Nutzen des Mittagsschlafs und Power-Nappings zu *lesen* - an dieser Stelle soll es darum gehen, dass Sie sich einfach angewöhnen, ein effizientes süßes Nichts zu *tun,* weil Sie anschließend wieder besser wissen, wo Sie stehen und wo Sie hinwollen.

Planen Sie Zeitinseln ein

Planen Sie Ihre Zeitinseln für Genuss ein – und achten Sie bitte darauf, dass diese Zeit keine Dispositionsmasse darstellt, in der Sie Dinge erledigen, die Sie sonst nicht schaffen. Auch sollten diese Power-Pausen keineswegs zur Pflicht werden. Ziel ist es, sie freiwillig und mit Genuss zu kultivieren:

- damit die Arbeit noch effizienter wird,
- damit man sich mit einem kurzen Break wieder voll auf die eigenen Füße stellt,
- damit man zum richtigen Zeitpunkt „Nein" oder „jetzt nicht" sagen kann,
- damit man gelassen die richtige Chance ergreifen kann,
- damit man achtsamer mit Veränderungen umgehen kann,
- ...

So kommen Sie vorwärts – und haben schon bald vergessen, dass es einmal Zeiten gab, zu denen Sie schlecht Nein sagen und das richtige Maß finden konnten.

Checkliste: Gönnen Sie sich eine Genuss-Pause

- **Nehmen Sie sich Zeit zum Genießen.** Genuss braucht nicht Stunden, manchmal genügt ein Augenblick.

- **Genießen Sie bewusst.** Schokolade können Sie zwar neben der PC-Arbeit essen, den Genuss daran werden Sie aber verpassen (also: nicht wahrnehmen). Ein Blumenstrauß auf dem Schreibtisch macht für sich genommen noch keine Freude. Wollen Sie Genuss erleben, dann erlauben Sie sich, sich für den Moment einfach darauf zu konzentrieren.

- **Schulen Sie Ihre Sinne für Genuss.** Probieren Sie einmal aus, eine Orange vor dem Essen zunächst zu tasten, zu riechen, hochzuwerfen, aufzufangen, sich vorzustellen, wie sie schmeckt, sie langsam zu schälen; spüren Sie genau, wie Sie die Schale vom Fleisch lösen. Trennen Sie sich eine einzelne Spalte heraus, beißen Sie hinein ... Nehmen Sie Nuancen wahr. Schärfen Sie Ihre Sinne für Positives, Entlastendes, Augenblickliches.

- **Ihr Genuss ist Ihr Genuss ist Ihr Genuss ...** Jeder genießt anders. Oft gönnen wir uns etwas, von dem wir meinen, dass „man" das genießt. Finden Sie heraus, was *Ihnen* gut tut. Finden Sie heraus, was Ihnen *nicht* gut tut. Finden Sie heraus, was Ihnen *wann* gut tut.

- **Genießen Sie lieber wenig, aber richtig.** Nicht die Menge, sondern die (wahrgenommene) Qualität ist entscheidend. Quälen Sie sich weder mit falscher Bescheidenheit noch mit magenverstimmendem Übermaß – wählen Sie den Genuss so, dass Sie sich das jeweils Beste gönnen.

- **Planen Sie Genuss.** Überraschungen erleben wir häufig als etwas ganz Besonderes. Überlassen Sie Ihren Genuss aber nicht allein dem Zufall. Planen Sie Zeit fürs Genießen ein, treffen Sie entsprechende Vorbereitungen, laden Sie andere dazu ein.

- **Den Alltag genießen.** Unsere Wahrnehmung ist häufig auch eine Sache der Bewertung. Wer selbst im Alltag dafür wach ist, kann eine Vielzahl von Quellen für angenehme Erlebnisse im täglichen Kontext entdecken. Genießen Sie das Gewohnte am täglichen Heimweg? Freuen Sie sich auf das freundliche Gesicht im Mittagsbistro? Auf den Duft von frischem Kaffee? ...

- **Notieren Sie Ihre liebsten Genuss-Pausen:**

Motivation ist die halbe Miete

Für manche Menschen ist Planung und Selbstmanagement kein Thema. Sie sind zutiefst verbunden mit ihren persönlichen Zielen. Sie kennen ihre Ressourcen und haben die Ohren für ihre innere Stimme voll auf Empfang geschaltet.

Man spricht davon, dass diese Menschen „intrinsisch motiviert" sind (siehe unten). Alle anderen seien hier eingeladen, von diesen Menschen zu lernen.

Motivieren Sie sich selbst zur Veränderung

Motivation kann von außen und von innen kommen. Die eine Motivation ist nicht besser als die andere, beide verfügen nur über verschiedene Energien.

- Motivation von **außen** (extrinsisch): Belohnen Sie sich. Setzen Sie sich zum Beispiel ein Ziel, wie Ihr Einkommen, Ihre berufliche Situation, Ihr Projekt in ein, zwei, drei Jahren sein soll. Achtung: Extrinsische Motivation erzeugt keine eigene Dynamik. Sie kann aber kurzfristig einen wundervollen Push vermitteln. Sie muss immer neu gesetzt werden.
- Motivation von **innen** (intrinsisch): Bringen Sie sich in Verbindung mit Ihren innersten Wünschen und Zielen. Interesse, Neugier, Spaß ... sind kraftvolle Antriebsquellen. Bringen Sie diese Wünsche und Ziele – sofern möglich und sinnvoll – mit äußeren Zielen in Verbindung. Wichtig: Ge-

lingt intrinsische Motivation, wird ein positiver Kreislauf in Gang gesetzt. Man muss nur darauf achten, dass dieser Kreislauf stetig in Fluss bleibt.

Sich Ziele zu setzen und sie planvoll zu verfolgen trägt das Potential in sich, Energie zu *sparen*. Wie das? Wenn Sie Ziele setzen und motiviert und planvoll verfolgen, sparen Sie Energie, weil Sie alles Wichtige parat haben und nach nichts suchen müssen; weil Sie keine Spitzenzeiten auszugleichen haben; weil Sie sich Kontrollphasen eingebaut haben, die Ihnen den Erfolgskick geben, dass Sie in der Zeit, im Budgetplan und auf der Einflugschneise zum angepeilten Erfolg sind. Es gibt keine unangenehmen Überraschungen. Und vor allem: Keine Zufälle mehr. Das, was Sie erreichen, schaffen Sie mit eigener Kraft.

Der positive Kreislauf der Motivation

Der Vorteil bei einem solchen an eigenen Zielen orientierten, durch eigene Wünsche motivierten Vorgehen: Sie haben Energie, am Feierabend für Ihren Ausgleich zu sorgen und Ihr Reservoir für Kreativität und Power frisch zu füllen. Sie brauchen nicht erschöpft ein Tiefkühlgericht in die Mikrowelle zu schieben, sondern Sie haben genug Elan, energiereich hin und wieder Freunde zu bekochen und anschließend noch eine kleine Runde um den Block zu drehen.

> Sagen Sie Nein zu Situationen, mit denen Sie sich nicht zu verbinden wissen. Und sagen Sie Ja zu allem, was Sie packt und erfüllt. Das ist nachhaltig! Das führt auf mehr als einer Ebene zum Ziel!

Checkliste: Selbstmotiviert und zielorientiert handeln

- **Richtige Einstellung**: Eine richtige Einstellung hilft.
  Tipp: Schieben Sie unangenehme Dinge nicht auf. Tun Sie sie gleich!
- **Gute Dosis**: Man braucht das Gefühl der Machbarkeit.
  Man will eine Aufgabe schaffen können. Zu wenig führt in die Langeweile, zu viel frustriert.
  Tipp: Fangen Sie mit der richtigen Portion an, und steigern Sie sich dann.
- **Ziele und Zwischenetappen**: Ein detaillierter Plan hin zum Ziel hilft, überschaubare Etappen anzusteuern, abzuarbeiten, abzuhaken
  Tipp: Setzen Sie sich Ziele – kleine und große.
- **Sinnenreiche Vorstellung**: Effektiver, müheloser, vergnügter packt man Ziele an, wenn man sie bunt und attraktiv vor Augen hat und sie sinnlich erfassen kann.
  Tipp: Kultivieren Sie eine sinnenreiche Vision.
- **Mit Team und im Team**: Lernen Sie von den Schwierigkeiten und den Lösungswegen anderer. Profitieren Sie von dem Wissen anderer. Werden Sie besser, indem Sie anderen etwas erklären oder sie anleiten.
  Tipp: Tun Sie sich mit Gleichgesinnten zusammen. Nutzen Sie Kontakte. Beauftragen Sie einen Coach.

Gehen Sie bei alldem achtsam mit sich um – machen Sie Pausen, achten Sie auf eigene Grenzen. Sorgen Sie für Abwechslung. Kommen Sie angemessen zum Ende.

Entwickeln Sie Routinen

Überlegen Sie sich Standard-Vorgehensweisen, so dass Sie nicht täglich neu überlegen müssen, wie Sie dazu beitragen können, dass es Ihnen gut geht, dass Sie wissen, wo Sie stehen, was Ihre Aufgabe und wo Ihre Grenze ist.

Überlegen Sie sich, welche kleinen Kniffe Ihnen helfen, motiviert und mit Energie Ihr Leben zu meistern. Es hilft nämlich nichts, wenn andere Ihnen ihre Tricks und Tipps geben – finden Sie heraus, was Ihnen wirklich hilft.

Das dann auch umzusetzen, kann Ihnen niemand abnehmen. Sie werden aber stärker dazu motiviert sein, weil Sie selbst zu diesen Lösungen gefunden haben.

Tun Sie sich mit anderen zusammen

Wir stehen in Arbeit und Leben in einer seltsamen Herausforderung: Wir müssen ganz wir selbst sein, und wir müssen möglichst effektiv und friedlich mit anderen zusammenarbeiten und -leben. Ein Widerspruch? Nicht lösbar? Oder eine schöne Einladung, im Leben mehr zu erfahren, als man selbst kennt?

Manche Lernschritte macht man sicher besser allein. Aber an vielen Stellen wird das Leben einfacher und die Arbeit effizienter, wenn man sich gezielt mit anderen zusammentut. Die Ziele für derlei Vernetzen können sich je nach persönlicher Verfassung, Auftragslage, Lebensabschnitt wandeln. Ein paar Beispiele:

- **Gleichgesinnte**: Ich möchte mich mit Menschen zusammentun, die denselben Beruf oder dasselbe Geschlecht oder dieselbe Vorbildung usw. haben. Damit stärke ich mich in meinem Selbstverständnis.
- **Andere**: Ich suche Menschen, die aus anderen Arbeitsbereichen kommen und auf andere Erfahrungen zurückgreifen. Damit gleiche ich eigene Schwächen aus – im Gegenzug biete ich meine Stärken an.

In welchen Fragen und bei welchen Aufgaben könnten Ihnen derzeit Mitstreiter hilfreich sein beim Vorwärtskommen? Was ist es genau, was Sie beim Vernetzen anstreben? Einige Beispiele:

- Informationen sammeln,
- eigene Angebote und Informationen weitergeben,
- funktionale Beziehungen eingehen,
- externe Partner für Aufträge finden,
- emotionale Unterstützung finden,
- ggf. regional vernetzen,
- ...

> Wie gefällt Ihnen dieser Gedanke: Gemeinsam mit den richtigen Menschen vervielfachen sich die Möglichkeiten, gesunde Grenzen zu erleben und gemeinsam bestehende Grenzen zu erweitern.

Übrigens: Wenn Sie sich erlauben, Nein zu sagen und Grenzen zu setzen, können Sie das auch anderen zugestehen. Und umgekehrt: Wenn Sie erleben, dass sich andere glaubhaft und positiv abgrenzen, können Sie sich das auch erlauben.

Sagen Sie, was Sie wollen

Angenommen, Sie sind schon viel weiter mit dem Abgrenzen und Neinsagen. Um Sie herum haben ein paar Mal heftige Konflikte den Boden aufgewühlt, weil Sie so kühn waren, schlicht Nein zu sagen. Und sicher sind Sie auf dem Weg dorthin in einige Fettnäpfe getreten, haben es mit einem Nein übertrieben oder sich an einem verschluckt: Üben nennt man das. Nur weiter so!

Wichtig ist aber auch, dass Sie nicht nur sagen, was Sie *nicht* wollen, sondern dass Sie auch sagen, *was* Sie *wollen*. So geht es weiter!

Positiv formulieren

Äußern Sie sich mit der Perspektive, dass Sie ein positives Ziel erreichen wollen.

Beispiel:

Frau M. hat den Wunsch, in Entscheidungsprozesse einbezogen zu werden, vor allem, wenn es sie selbst betrifft. Immer wieder wird sie vor vollendete Tatsachen gestellt. Sie bereitet sich vor, macht sich Notizen und bringt es bei der nächsten Teamsitzung auf den Punkt: „Ich möchte darum bitten, bei den nächsten Entscheidungen, die mich und meinen Schreibtisch betreffen, beteiligt zu werden. Ich glaube, das erhöht das gemeinsame Ergebnis, und vor allem motiviert mich das persönlich."

Konkret werden

Bei manchen Aufgaben und Problemen erhebt sich vor uns ein Berg. Die verschiedenen Ebenen der Aufgabe, die diversen Ansprechpartner, heftige Gefühle und Bedenken, all das schwillt an, und wir meinen, die Frage nur klären zu können, wenn wir diese Fülle beachten.

Stopp. Seien Sie konkret. Welche Schritte helfen Ihnen wirklich weiter? Wer soll was, wie und bis wann tun?

Beispiel:

> Frau M. hat ihre Vorschläge gut vorbereitet, und sie sagt auf der Teambesprechung: „Mir geht es darum, dass wir alle darüber sprechen (*wer*). Und wenn dieser Punkt die Teambesprechung sprengt, möchte ich vorschlagen, das an einem weiteren Termin zu besprechen (*wo*). Mir ist daran gelegen, dass wir das sehr bald machen (*wann*)."

Investieren Sie

Wenn Sie etwas erreichen möchten, brauchen Sie auf dem Weg dorthin Energie. Haben Sie die? Machen die anderen Beteiligten mit?

Beispiel:

> Frau M. könnte sich überlegen, dass sie mit ihrer Aussprache einen Konflikt herbeiführt. Da eine Klärung aber ganz in ihrem eigenen Interesse ist, wird sie das riskieren.
>
> Durch gute Vorbereitung minimiert sie den „Schaden" – sie hat nicht vor, wie ein Elefant durch einen Porzellanladen zu stapfen, weil sie nur ihr eigenes Ziel im Auge hat. Sie ist an einer Lösung interessiert, die für alle gut ist – Gewinn für alle.

Widerstände und Einwände einkalkulieren

Sie lesen hier gerade kein Märchen, und deshalb finden Sie zwischen den Zeilen Ihre Wirklichkeit: Nicht alles läuft so, wie wir es uns vorgestellt haben. Was hindert Sie daran, sich nicht nur Ihren Erfolg, sondern auch den Gegenwind vorzustellen?

Was uns hindert, sind Furcht und vielleicht auch etwas Scham. Wir möchten nicht scheitern, wenn wir uns schon mal auf den Weg machen. Und doch sollten wir wagen, die Risiken im Voraus abzuschätzen.

Im Projektmanagement kennt man diesen Schritt. Wenn wir schon in der Planung Störungen und Fehler einplanen, können sie im weiteren Verlauf weniger anrichten. Die Frage ist nur: Wie vorbereiten?

Beispiel:

> Frau M. schrieb sich eine Liste mit Einwänden. Das Team war gewohnt, über ihren Kopf hinweg zu entscheiden – Gewohnheit ist ein starker Gegner. Außerdem war die Abteilung gerade in einer Phase notorischer Zeitnot; Frau M. befürchtete, auf später vertröstet zu werden – Zeit ist aber häufig eine Frage der Bewertung. Und dann befürchtete sie noch, entlassen zu werden, wenn sie aufmuckt – aber diese Furcht gehörte bei näherer Betrachtung nicht in die Kategorie Realität, sondern in die Kategorie Gespenster.

Erzeugen Sie Aufmerksamkeit

Sagen Sie, was Sie wollen. Und achten Sie darauf, dass Sie damit Aufmerksamkeit erzeugen. Nur wenn bei Ihrem Gegenüber das Interesse geweckt ist, werden Sie mit Ihrer Botschaft ankommen und sie auch durchsetzen.

Beispiel:

> Frau M. jedenfalls hat sich mit ihrem Vorstoß durchgesetzt. Das Team war gar nicht auf die Idee gekommen, sie um ihre Meinung zu fragen. Aber nachdem sie einmal das Wort ergriffen hatte, war schnell klar: Die will was, die kann was, ...

> Reagieren Sie nicht länger automatisch und gewohnt auf Situationen, sondern machen Sie sich bewusst, was Sie sagen wollen. Meistern Sie die Kunst, sich ehrlich und klar auszudrücken und gleichzeitig für Ihr Gegenüber aufmerksam und voll Respekt zu sein.

Strategien für Fortgeschrittene

Eine chinesische Redewendung lautet: „Mit einer Hand kannst Du nicht klatschen." Und so besteht auch die eigentliche Kunst im Miteinander eben nicht allein darin, dass man nur seine Wünsche zum Ausdruck bringt, sondern dass man auch aufmerksam füreinander ist, im Privaten wie im Beruflichen.

Freilich: Wenn man jahrelang auf die Erfahrung zurückblickt, dass man mit eigenen Belangen nicht durchkommt, ist es schwierig, nach gehaltener Rede durchzuatmen und sich dem anderen zuzuwenden. Mit etwas Übung wird das aber gelingen – und diese Wendung wird man gewiss als Bereicherung erfahren.

Fragen Sie nach

Häufig gibt es im Gespräch noch Möglichkeiten oder Alternativen, die wir nie herausfinden, wenn wir nicht danach fragen. Die Grundlage dafür ist: Ich muss wissen, wo ich stehe.

Beispiel:

Frau L. hat sich das zur festen Gewohnheit gemacht. Vor allem im Umgang mit dem Controller B. Der macht seinen Job sehr kundig, wirkt allerdings gelegentlich so unfreundlich, dass die meisten Mitarbeiter gleich die Flucht ergreifen, wenn die normalen Punkte abgearbeitet sind. Frau L. hingegen weiß inzwischen, dass Herr B. eigene Unsicherheiten hat und es nicht prinzipiell schlecht mit ihr und ihrem Bereich meint. Nach einem Gespräch, zu dem meist er geladen hat, fragt sie also: „Haben Sie noch eine Frage?" Meist fängt damit erst ein Gespräch an, das wirklich Neues bringt.

Dem anderen das Gesicht lassen: gut gebrüllt, Löwe

Auch für Fortgeschrittene ist die folgende Überlegung wichtig: Kann es sein, dass Ihr Chef noch lange nicht beißt, gleichwohl er eben noch gebrüllt hat wie ein Löwe? Ein verletzter Löwe!

Die Forderung eines Mitarbeiters, die Nachfrage der Geschäftsführerin ... Das mag alles unumstößlich klingen, aber wenn Sie selbst bei vehementem Verhalten bei Ihren Zielen bleiben und eine eigene Haltung bewahren, kann sich das Gespräch entwickeln. Vielleicht nicht jetzt, sondern später, nach einer Abkühlung.

Sicher haben Sie eine Alternative. Und wenn Sie so mutig sind, das Gebrüll nicht weiter zu erwähnen, sondern Ihrem Gegenüber weiterhin das Gesicht zu lassen, wird man Ihnen das zugute halten.

Ein Test: die Familienfeier

Die Familienfeier – die Mutter hat angerufen und gesagt: „Ihr kommt doch auch zum Essen am Sonntag. Seid pünktlich um 18 Uhr da." Irgendwie hat man sich überrumpeln lassen – die Einladung ist ja auch eigentlich nett gemeint.

Und Sie als fortgeschrittener Neinsager? Was fällt Ihnen dazu ein? Wenn ein Nein nicht spontan gelingt, darf man nach verhandeln. Das mag zwar unangenehm sein, aber ebenso unangenehm ist es, ein Programm zu absolvieren, das man nicht selbst gewählt hat.

Gleichgültig, was Ihnen als Absage einfällt: Als fortgeschrittener Neinsager wissen Sie, wie wichtig es ist, Ihr Gegenüber zu würdigen. Das Essen ist nett gemeint, die Einladung auch. Als Nächstes gilt es, sich nicht zu rechtfertigen. Es geht nicht darum, Magenschmerzen vorzutäuschen – dafür kennt man Sie zu gut. Vielleicht gibt es Alternativen, die Sie vorschlagen möchten? Nicht Sonntag zum Essen, aber am Samstag kurz zum Kaffee vorbeikommen? Eine Gegeneinladung aussprechen? Ein längeres Telefonat zum Plaudern verabreden?

So oder ähnlich hätten Sie's auch gemacht? Herzlichen Glückwunsch! Sie haben den Test „Familienfeier" bestanden. Und jetzt viel Erfolg in der großen weiten Welt.

Positiv Grenzen setzen – in sieben Tagen

Diese Überschrift ist nicht ganz ernst gemeint – schließlich lernen wir neues Verhalten nicht in einer Woche. Hier finden Sie die wichtigsten Punkte noch einmal als Übungen aufgelistet – als kleine Erinnerung und als knallender Startschuss.

1. Tag

Finden Sie die Situationen heraus, in denen Sie anderen auf den Leim gehen. Es erfordert Mut, nicht nur zu wissen, wo man selbst noch Lernbedarf hat, sondern auch den Punkt herauszufinden, wo man sich ändern will.

Legen Sie ein kleines Nein-Sage-Tagebuch an, und notieren Sie dort Ihre neuen Ideen und all das, was Sie über sich herausfinden.

Was passiert Ihnen in welchen Situationen bei welchen Stimmungen mit welchen Leuten? Und was würden Sie gern anders machen?

Machen Sie es anders!

2. Tag

Gehen Sie mit der Lupe noch näher an sich heran. Schauen Sie, welches Verhalten wirklich typisch für Sie ist. Dabei brauchen Sie nicht in alten Wunden zu wühlen – ordnen Sie sich, wenn Sie mögen, einem der genannten Typen zu. Lesen Sie nach, wo Ihre größten Stolperfallen sind.

Ebenso wie jede Medaille zwei Seiten hat, verweisen Ihre Schwächen zugleich auf Ihre stärksten Stärken. Nutzen Sie diese Stärken, um zu Ihrem authentischen Nein zu finden.

Und welchem Typ ordnen Sie sich zu? Welche zwei Maßnahmen wollen Sie umsetzen?

Seien Sie konkret!

3. Tag

Finden Sie heraus, an welchen Stellen bei Ihrer Arbeit oder in Ihrem Leben etwas nicht „stimmt".

Was genau können Sie tun, um eine Balance herzustellen? Was fehlt Ihnen zu einem stabilen Abgrenzen?

Notieren Sie, wie Sie Zeit und Energie sparen können, wo genau Ihre Prioritäten sind und wen Sie für welche Fragen in Ihrem höchstpersönlichen Unterstützungsteam haben.

Seien Sie gut zu sich. Alle Baustellen, die Sie hier auftun, zeigen nicht Ihr Unvermögen, sondern weisen den Weg zu Ihnen selbst.

Um sich positiv abgrenzen zu können, muss man wissen, wo man steht – bauen Sie Ihr eigenes Fundament dafür!

4. Tag

Sie wollen nach außen wirksam auftreten? Tragen Sie aktiv dazu bei, dass Sie mit Ihren Füßen fest auf dem Boden stehen, sich wohl in Ihrer Haut fühlen und eine selbstverständliche, feste Haltung einnehmen können. Souverän!

Sie haben schon drei Tage geübt und Ihre wunden Punkte aufgespürt. Heute ist der Tag, an dem Sie beim Klettern, Singen, Sprinten, im Wald, mit den Kindern im Kletterbaum, auf dem Feld Ihre Energie und innere Spannkraft wiederentdecken können.

Finden Sie heraus, wo Ihre Grenzen sind und wo Sie sich bisher Grenzen gesteckt haben, die Sie getrost erweitern und über den Haufen rennen können.

Hier sind Sie – und Ihre Präsenz ist ab heute unübersehbar, wenn Sie Nein sagen. Oder Ja.

5. Tag

Wenden Sie sich Ihrem Gegenüber konstruktiv zu – auch dem, dem Sie typischerweise ungewollt zustimmen, bei dem Sie vorschnell Ja sagen und Ihre Grenze nicht ziehen.

Prüfen Sie ernsthaft, ob Ihr Nein konstruktiv gemeint ist: Handeln Sie nicht gegen andere, sondern für Sie selbst.

Lernen Sie dann das ganze Repertoire der Kooperation – suchen Sie sich Übungssituationen, und üben Sie so lange, bis Ihre Partnerin/Ihr Partner Sie erstaunt von der Seite ansieht.

Spüren Sie sich so stark, dass Sie auch dann im Gleichgewicht bleiben, wenn Sie sich klar und deutlich zu Wort melden, wenn Sie den anderen würdigen, sich bei ihm bedanken und ihm Alternativen zu seinem Vorschlag anbieten.

Sagen Sie ab heute respektvoll, was Sie wollen. Was wollen Sie?

6. Tag

Genug gearbeitet. Wo ist Ihr Ziel? Haben Sie es genau vor Augen? Wie sieht es aus? Wie riecht es? Wie fühlt es sich an?

Besinnen Sie sich ab heute auf Ihr Vorankommen. Freuen Sie sich auf Erfolge – die eigenen und die anderer.

Kann es sein, dass Sie von anderen Menschen noch etwas entdecken können, was Sie bisher nicht einmal in Erwägung gezogen haben? Dass Sie jemandem vielleicht in einem Punkt eine Abfuhr erteilen müssen, sich aber für andere Seiten von ihm sehr wohl interessieren? Pflegen Sie aktiv Ihre Kontakte.

Fangen Sie heute an, den Tag etwas leichter anzugehen – im Beruf wie Zuhause. Erlauben Sie sich, anderen mal weniger ernsthaft zu begegnen und nach den genüsslichen Seiten zu greifen – Sie werden sehen: Sie finden sie auch in den Stunden, die Sie bisher nur Ihren Aufgaben gewidmet haben.

7. Tag

Jetzt wird gefeiert. Lehnen Sie sich zurück, machen Sie rein gar nichts – außer, sich über Ihren Erfolg und Ihre neuen Ideen zu freuen.

Ausblick

Was passiert also, wenn Sie Nein sagen und sich abgrenzen? Sie tun nicht mehr Dinge, die andere wollen, sondern Dinge, die Sie selbst ansteuern. Sie setzen Ihre Energie ein, wie Sie es wollen.

Ein Sprichwort sagt: Ändere das, was Du ändern kannst – belass, was Du nicht ändern kannst. Besinnen auch Sie sich auf Ihre Motivation, und ziehen Sie aus ihr die Energie für weitere Veränderung und für die Realisierung Ihrer Wünsche und Ziele.

Manchmal steigert man sich in Situationen hinein, die nicht gelingen. Und vielleicht gelingt ein Nein tatsächlich gelegentlich nicht, wo es gut gewesen wäre. Sei's drum. Im Großen und Ganzen hilft: dranbleiben, üben, eigene Ziele definieren, mit übergeordneten Zielen abgleichen, sich mit andern zusammentun.

Ein richtiges, authentisches Ja sagt man erst, wenn man auch Nein sagen kann. Wer seine Grenzen kennt, kann sie risikobereit erweitern. Das kommt beidem zugute: Beruf und Privatleben. Weiterkommen durch Neinsagen – das klingt widersprüchlich, entspricht aber der Erfahrung aller, die das ebenso machen. Finden Sie es raus.

Literatur

Eder, Lothar (2007): Psyche, Soma und Familie. Stuttgart.

Harris, Thomas A. (2005): Ich bin o. k. – Du bist o. k. Reinbek.

Hoffmann, Nicolas, und Hofmann, Birgit (2009): Arbeitsstörungen. Weinheim.

Kreyenberg, Jutta (2008): Konfliktmanagement. Berlin.

Kunkel, Agnes, Bräutigam, Peter, und Hatzelmann, Elmar (2010): Verhandeln nach Drehbuch. Heidelberg.

Lerner, Harriet (2009): Wohin mit meiner Wut? Frankfurt am Main.

Luft, Joseph (1995): Einführung in die Gruppendynamik. Frankfurt am Main.

Riemann, Fritz (2009): Grundformen der Angst. Eine tiefenpsychologische Studie. München.

Schlegel, Leonhard (1993): Handwörterbuch der Transaktionsanalyse. Freiburg i. Breisgau.

Seiwert, Lothar S. (2004): Das Bumerang-Prinzip. München.

Impressum

Bibliografische Information der Deutschen Nationalbibliothek
Die Deutsche Nationalbibliothek verzeichnet diese Publikation in der Deutschen Nationalbibliografie; detaillierte bibliografische Daten sind im Internet über http://www.d-nb.de abrufbar.

Print: ISBN: 978-3-648-02863-6 Bestell-Nr.: 01325-0001
ePub: ISBN: 978-3-648-02864-3 Bestell-Nr.: 01325-0100
ePDF: ISBN: 978-3-648-02865-0 Bestell-Nr.: 01325-0150

Dr. Andreas Edmüller, Dr. Thomas Wilhelm, Monika Radecki
Manipulationen abwehren
1. Auflage 2012,

© 2012, Haufe-Lexware GmbH & Co. KG, Munzinger Straße 9, 79111 Freiburg
Redaktionsanschrift: Fraunhoferstraße 5, 82152 Planegg/München
Telefon: (089) 895 17-0
Telefax: (000) 895 17 200
Internet: www.haufe.de
E-Mail: online@haufe.de
Redaktion: Jürgen Fischer

Lektorat: Dr. Ilonka Kunow, Gisela Fichtl, Ulrike Rudolph
Satz: Beltz Bad Langensalza GmbH, 99947 Bad Langensalza
Umschlag: Kienle gestaltet, Stuttgart
Druck: CPI – Ebner & Spiegel, Ulm

Alle Angaben/Daten nach bestem Wissen, jedoch ohne Gewähr für Vollständigkeit und Richtigkeit.

Alle Rechte, auch die des auszugsweisen Nachdrucks, der fotomechanischen Wiedergabe (einschließlich Mikrokopie) sowie der Auswertung durch Datenbanken oder ähnliche Einrichtungen, vorbehalten.

Autoren

Dr. Andreas Edmüller

ist Privatdozent, lehrt Philosophie an der Universität München und hat einen Lehrauftrag für Leadership an der Universität Innsbruck. Er ist selbstständiger Berater und Trainer.

Dr. Thomas Wilhelm

ist mit seinem Unternehmen „Projekt Philosophie" als Berater und Trainer international tätig. Seine Fachgebiete sind Leadership, Kommunikation und interkulturelle Zusammenarbeit.

Von Dr. Andreas Edmüller und Dr. Thomas Wilhelm stammt der erste Teil dieses Buches.

Monika Radecki

ist Trainerin, Autorin und Redakteurin im Bereich Psychologie, Kommunikation, Lebenshilfe. Ihre Trainingsschwerpunkte sind zum Beispiel Verhandeln, Selbstmarketing und Teamentwicklung.
Kontakt: info@monika-radecki.de

Von Monika Radecki stammt der zweite Teil dieses Buches.

Weitere Literatur

„Think Limbic. Die Macht des Unbewussten verstehen und nutzen für Motivation, Marketing, Management", von Dr. Hans-Georg Häusel, 228 Seiten mit Hör-CD, EUR 19,80. ISBN 978-3-448-06813-9, Bestell-Nr. 00174

„Mitarbeitergespräche – Mitarbeiter motivieren, richtig beurteilen und effektiv einsetzen", von Prof. Dr. Wolfgang Mentzel, Svenja Grotzfeld und Christine Haub, 264 Seiten, EUR 29,80. ISBN 978-3-648-00333-6, Bestell-Nr. 04230

„Gesprächstechniken für Führungskräfte", von Anke von der Heyde und Boris von der Linde, 243 Seiten, EUR 24,95, ISBN 978-3-448-09518-0, Bestell-Nr. 00742

„Business Knigge international" von Kai Oppel, 326 Seiten. Haufe, EUR 19,80, ISBN 978-3-648-08747-5, Bestell-Nr. 00076

„Gut sein allein genügt nicht" von Doris und Frank Brenner, 192 Seiten. Haufe, EUR 19,80, ISBN 978-3-448-09069-7, Bestell-Nr. 00244

Frei und überzeugend sprechen

Ob im Beruf oder privat – ein guter Vortrag schafft Vertrauen und Sympathie. Dieser TaschenGuide unterstützt Sie und zeigt, wie Sie Ihr Lampenfieber beherrschen und Ihr Publikum fesseln!

€ 8,95 [D]
256 Seiten
ISBN 978-3-648-02714-1
Bestell-Nr. E00991

Jetzt bestellen!
www.haufe.de/bestellung
0800/50 50 445 (kostenlos)
oder in Ihrer Buchhandlung

HAUFE.